辽宁省教育厅高校学术专著出版基金资助

YUSHOU SHANGPIN ZHUFANG
BUQUEDINGXING ZHILIANG DE SHIBIE YU DULIANG

预售商品住房
不确定性质量的识别与度量

孙 峤◎著

北京师范大学出版集团
BEIJING NORMAL UNIVERSITY PUBLISHING GROUP
北京师范大学出版社

图书在版编目(CIP)数据

预售商品住房不确定性质量的识别与度量 / 孙峤著. —北京：北京师范大学出版社，2012.2
ISBN 978-7-303-13843-2

Ⅰ. ①预… Ⅱ. ①孙… Ⅲ. ①房地产业－质量管理－研究－中国 Ⅳ. ① F299.233.3

中国版本图书馆 CIP 数据核字（2011）第 229329 号

营销中心电话 010-58802181 58808006
北师大出版社高等教育分社网 http://gaojiao.bnup.com.cn
电子信箱 beishida168@126.com

出版发行：北京师范大学出版社 www.bnup.com.cn
北京新街口外大街 19 号
邮政编码：100875
印　　刷：北京京师印务有限公司
经　　销：全国新华书店
开　　本：170 mm × 230 mm
印　　张：10.75
字　　数：200 千字
版　　次：2012 年 2 月第 1 版
印　　次：2012 年 2 月第 1 次印刷
定　　价：24.00 元

策划编辑：韦燕春　高　玲　　责任编辑：高　玲
美术编辑：高　霞　　装帧设计：天之赋
责任校对：李　菡　　责任印制：李　啸

前言

随着住房制度改革的深化，我国住房市场运行机制不断完善，居民家庭能够以货币化的方式自由选择住房及其所包含的住房质量。然而住房和住房市场的固有特性，决定了住房质量不仅包括确定性质量，也包括不确定性质量。住房不确定性质量的存在将干扰住房价格与住房质量之间的清晰对应关系，增加消费者的购房风险。我国住房市场以预售商品住房为主的市场交易结构，进一步增加了住房不确定性质量的比重，进而扩大了消费者购房风险，并引发了住房消费中的相关矛盾与问题。本书从预售市场的特殊性出发，基于城市经济学与微观经济学的基本理论，利用成都住房市场的微观数据，对住房不确定性质量的识别和度量机制进行了理论分析与实证研究。

本书的研究内容共分为 7 章：

第 1 章为导论。介绍本书的研究背景和意义、界定研究对象与研究范围；对国内外相关研究现状进行综述；介绍本书的主要研究方法与技术路线。

第 2 章为住房质量及其度量的理论研究。从理论上分析住房质量及其影响因素，并通过对特征价格模型的修正，建立从住房价格差异出发度量住房质量的理论分析框架。

第 3 章为住房确定性质量和不确定性质量。基于微观住房交易样本数据，应用 Hedonic 模型定量分析各种住房质量属性的特征价格，以及住房不确定性质量的规模及其表现规律。

第 4 章为住房不确定性质量的影响因素。基于消费者调研样本数据，引入结构方程组，模拟住房质量不确定条件下，消费者“因开发企业而异”的购买选择过程，归纳影响消费者选择行为的因素。

第 5 章为住房不确定性质量的标识。基于开发企业和消费者特征的客观数据，归纳“知名企业”的特征规律以及具有该偏好的消费者群体特征，验证知名企业特征能够反映消费者“因开发企业而异”的偏好，具备成为住房不确定性质量标识的条件。

第6章为住房不确定性质量标识的度量。联合微观住房交易样本和消费者调研样本数据，通过对Hedonic模型中的进一步修正，定量分析消费者对住房不确定性质量标识的支付意愿及其影响因素。

第7章为结论。总结理论研究与实证研究的成果，提出研究成果的若干应用建议，并对后续研究方向进行展望。

本书对已有研究的主要贡献在于：

1. 从理论上分析住房确定性质量和不确定性质量的来源和内涵，探讨预售制度导致不确定性质量比重增加的机理

根据住房服务的概念，本书将住房质量定义为住房在其使用周期内能够产生住房服务的各种属性的集合，根据在某一特定时点，消费者对住房质量的识别程度，住房质量由确定性质量和不确定性质量共同构成。在签订住房预售合同时，住房确定性质量属性包括物理属性、邻里属性以及当前的区位属性，并受开发企业特征和区位成熟度的影响。住房不确定性质量包括住房未完工部分的质量情况、未来邻居的群体特征、建成后的小区内部环境以及未来的区位特征，受开发企业特征、区位成熟度、物业管理、邻居特征、消费者特征以及时间等因素的影响。

2. 提出从住房价格差异性出发度量住房质量的研究思路，确立对住房不确定性质量识别和度量的理论方法

应用新古典住房经济学中“住房消费支出是住房消费量与住房服务单价的乘积”的思想，建立了住房质量与住房价格的抽象关系，住房价格等于住房服务单价与住房质量的乘积。由于住房质量由确定性质量和不确定性质量共同构成，因此，住房消费支出中也应包括消费者对住房不确定性质量的支付意愿。在特征价格模型中，通过引入表征住房不确定性质量的变量——“开发企业声誉”，能够实现对住房不确定性质量的支付意愿的分析。

3. 通过度量“开发企业声誉”的溢价水平及在不同条件下的差异，实现对住房不确定性质量的识别和度量

通过主观和客观分析，验证消费者倾向于选择具有较高声誉的开发企业所供给的住房，来降低住房不确定性质量可能带来的风险。“开发企业声誉”能够标识住房不确定性质量的水平，能够作为住房不确定性质量的显性标识。通过引入表征住房不确定性质量的标识——“开发企业声誉”，建立特征价格拓展模型分解住房价格，并根据开发企业声誉溢价水平的变化，实现对住房不确定性质量的识别和度量。

4. 丰富国际及我国住房经济学领域的相关研究案例

对住房问题的研究历来是建立在对实证现象的分析与归纳之上，每一个难以用现有理论解释的实证问题，都会引发激烈的讨论，从而推动理论体系向前进步。本书以成都住房市场为案例进行的相关研究，既浓缩了中国城市住房市场在制度环境上的特殊性，也为发现住房问题研究的新问题提供了契机，丰富了国内外相关研究的案例。且从住房供给的角度拓展了特征价格模型的应用范围，在住房消费行为分析中引入了结构方程组，丰富了该领域的相关研究方法。

目 录

第 1 章　导　论

居住是人类生存的基本需求。无论是从维护社会安定团结，还是从保持经济稳定快速发展的角度出发，住房[①]问题始终是社会关注的重要问题。居民能够从住房中获得的效用和满意度与住房质量息息相关，而住房质量中的不确定性质量最容易给消费者带来风险，引发住房消费中的矛盾和问题。如何识别和度量这些不确定性质量，设计合理的制度安排来减小不确定性质量为消费者带来的风险，应当是政策制定者和学者致力研究与解决的关键问题。

1.1　研究背景和意义

1.1.1　研究背景

1. 住房市场的建立和完善，使消费者能够以货币方式自由地选择住房及其所蕴含的住房质量

20 世纪 80 年代以前，我国基本上不存在真正意义的住房市场，居民家庭通过获取实物分配的福利住房实现住房消费，住房并不具备自由交易的商品属性。随着住房制度改革的逐步深化，住房商品地位得以确立，住房市场逐步建立，住房消费形式由被动的实物分配，逐渐转变为货币化的自由选择。居民家

① 我国学者通常混用“住房”与“住宅”两词，两者均对应英文单词“housing”。为统一起见，除业内约定俗成的“住宅产业”和“住宅项目”外，本书统一使用“住房”一词。

庭能够按照其偏好和支付能力进行住房选择，这实际上是选择住房所蕴含的住房质量——能够为消费者带来效用的各种住房属性(包括物理属性、区位属性和邻里属性等)①。消费者依据这些属性能够为其带来的效用决定支付意愿，这种支付意愿通过住房价格信号传递给住房生产者，使生产者能够有效率地决定供给方式。这种市场导向的资源配置方式极大地促进了我国住房市场的快速发展。1995—2009年，全社会商品住房建设累计施工面积150.06亿平方米，累计销售面积40.36亿平方米②。城市人均住房建筑面积由1998年的12.7平方米，提高到2009年的30平方米③，居住水平得到显著改善。

2. 中国住房市场的预售制度安排，增加了不确定性质量为消费者所带来的风险

消费者在进行住房选择时，不仅面临确定性的住房质量，还面临不确定性的住房质量。住房不确定性质量首先来源于住房和住房市场的固有特性(异质性和空间固定性等等)，这使得消费者在购房时点无法完全识别住房质量，例如区位在未来的发展潜力等问题。

我国住房市场的交易结构与西方成熟的住房市场不同，具有以新建商品住房为主，存量住房为辅的特征，而新建商品住房市场又以商品住房预售为主。2010年，我国主要城市住房市场中新建商品住房成交面积占住房市场交易总量的平均比例为65.34%，其中商品住房预售总成交面积又占新建商品住房市场成交总量的84.38%④。这种特殊的预售制度安排，极大地增加了住房不确定性质量的比重。这是因为，在预售制度下，消费者购买的是未来的房子。在签订商品住房预售合同之时，消费者购买的住房尚在施工建设之中，消费者对开发企业房屋质量承诺的核实均来自开发企业提供的售楼书和售楼现场的虚拟演示，而非对实物的观察。

住房不确定性质量为消费者带来了较大的风险。有数据表明，消费者对住房质量问题的投诉较多，且对已购商品住房的满意度较低。2007年3月，北

---

① 关于住房质量的定义详见第1.2.1节的重要概念界定。

② 本段数据根据《中国统计年鉴》(1996—2006)数据计算而得。

③ http://finance.people.com.cn/GB/13618045.html。

④ 根据建设部内部统计数据计算。城市包括：北京、天津、石家庄、沈阳、大连、上海、南京、无锡、苏州、杭州、宁波、温州、福州、厦门、济南、青岛、广州、深圳、海口、三亚、太原、长春、哈尔滨、合肥、南昌、郑州、武汉、长沙、呼和浩特、南宁、北海、重庆、成都、贵阳、昆明、西安、兰州、西宁、银川、乌鲁木齐，共计40个城市。

京市消费者协会发布的《北京市住宅商品房消费者满意度调查报告》显示，超过半数的消费者对所购买的商品住房满意度不高。调查显示，仅有8.8%的消费者对所购买的商品住房满意度较高(5分)，51.5%的消费者对所购买的商品住房满意度较低(3分以下)，另有近3成消费者对所购商品住房工程质量的满意度较低(3分以下)。购买住房后主要问题集中在房屋质量、物业收费、小区管理和售后服务4个方面①。

3. 改善市场环境并增强消费者应对住房不确定性质量的能力，一直是政府干预住房市场的着力点

改善市场环境，减少一些不必要的住房不确定性质量；同时增强消费者应对一些不可避免的住房不确定性质量的能力，都有利于提高市场信息透明程度，降低消费者的购房风险，改善住房市场效率。这也是我国政府近期所采取的一系列以促进房地产市场健康发展为总体目标的宏观调控政策的主要目的之一。例如，2005年以后，政府分别在《国务院办公厅关于切实稳定住房价格的通知》(国办发[2005]8号)和《关于调整住房供应结构稳定住房价格的意见》(国办发[2006]37号)中明确提出了“全面监测房地产市场运行”和“进一步整顿和规范房地产市场秩序”的政策导向。

但由于缺乏对住房不确定性质量变化规律和识别机制的科学认识，尤其是对预售制度安排下住房不确定性质量作用机制的认识，在总体调控政策目标下，各级政府尚缺乏具体有效的措施，或者采取了未必是最优的调控政策。例如，“公布房价成本清单”②以及“取消商品房预售制度”③等措施和方案，由于并没有从提高消费者对住房质量的识别能力入手，未能付诸实践或寿命短暂。“公布房价成本清单”因不符合市场经济条件下商品价格由供求关系决定的规律，而在实施过程中遭遇了重重阻碍并最终被放弃。简单地取消商品预售制度，因会带来其他的负面效果(例如对开发企业融资能力的影响)而并不容易

---

① http://house.people.com.cn/xinwen/070307/article_3738.html，该调查于2006年第四季度组织实施，调查设计样本量为2 300个住户，23个楼盘，实际完成样本量2 315个。

② 2005年7月福州市物价局率先向社会公布了房价成本清单，11月份江苏、浙江等省市也相继采取了同样的措施。

③ 2005年8月15日，中国人民银行房地产金融分析小组在其撰写的《2004年中国房地产金融报告》中，基于降低金融风险的目的，提出“取消商品房预售制度，改期房销售为现房销售”的建议。

实现。

4. 系统研究住房不确定性质量的识别和度量问题，已经成为迫切需要解决的理论和现实问题

虽然政府已经认识到改善市场环境的重要性，但在住房不确定性质量的识别和度量上，却缺乏足够的理论支撑。这使得目前政府的许多政策只能依据经验和定性判断，在政策细节的制定和操作上更无法辨别其实际利弊和作用效果。居民家庭也迫切需要掌握识别住房不确定性质量的方法，以降低购房风险。

目前国内学术界对此问题的相关研究还较少，对住房质量的研究主要以应用特征价格模型进行住房确定性质量属性分解为主，并未展开以住房不确定性质量为切入点的理论分析和实证研究。在国际学术界，对住房不确定性质量的研究近年逐渐出现，但主要以理论研究为主，仍处于探索阶段。

由此可见，无论从理论研究角度，还是从提高住房市场资源配置效率的角度，对住房不确定性质量的识别和度量均是迫切需要解决的理论和实践问题。

1.1.2 研究意义

1. 理论意义

(1)在理论创新上，发展不确定条件下的住房质量识别机制研究，拓展住房经济学相关理论的同时，填补我国住房经济学微观领域的研究空白

通过价格差异度量住房质量是对特征价格模型应用的又一拓展。作为住房经济学研究的重要方法，有关特征价格模型的理论与实证研究已经取得了丰富的成果。但到目前为止，该方法的应用多基于对住房确定性质量属性的分解，鲜见对住房不确定性质量问题的讨论。本书的研究在放松新古典住房经济学假设的基础上，应用特征价格模型发展住房不确定性质量的识别及其度量研究，拓展了特征价格模型的应用范围，以及住房经济学相关领域的研究。同时，也为更好地解释我国住房市场中的一些问题，特别是预售制度安排的特殊性提供理论依据。

(2)在实证技术上，为我国住房领域微观问题的研究提供方法借鉴

由于我国住房市场发展历史相对较短，目前国内学者对住房领域中众多微观问题的实证研究能力相对较为薄弱。本书在对住房不确定性质量问题的实证分析中，对微观数据的收集以及微观计量经济学方法的应用等方面均进行了多种尝试，得到对问卷抽样调查、时间序列数据处理和模型构建的若干经验，能

够为后续住房微观经济学领域的实证研究提供借鉴和参考。

(3)为国际学术界在住房领域的研究提供丰富案例

对住房问题的研究历来是建立在对实证现象的分析与归纳之上，每一个难以用现有理论解释的实证问题，都会引发激烈的讨论，从而推动理论体系向前进步。中国城市住房市场在制度环境上的特殊性正为发现新的问题提供了契机，本书在实证分析中致力于发掘现实问题与已有规律之间的异同，为本领域的理论进步寻觅新的切入点。

2. 实践意义

不确定条件下的住房选择研究，对于住房市场中的各参与主体都有非常重要的实践意义。

(1)增强商品房预售制度安排下消费者对住房质量的识别能力，改善消费者福利

准确把握预售制度下住房不确定性质量的作用机制，有助于帮助无专业背景的消费者正确认识住房不确定性质量的存在，增强消费者对住房质量的识别能力，从而降低因住房不确定性质量所产生的风险规模及其所引发的相关住房消费矛盾，并通过提高消费者从住房中获得的效用和满意度，改善消费者福利。

(2)为住房开发企业创造公正的质量竞争环境，促进产业的良性发展

本书对住房不确定性质量标识的研究，有助于揭示开发企业声誉因具有反映住房不确定性质量规模的特征，而对消费者产生降低风险的效应，从而使消费者存在支付意愿的经济规律。开发企业声誉的这一经济意义，有助于开发企业主动建立通过提高住房质量而获得长期稳定收益的经营战略，进而改善住房开发企业间进行公正质量竞争的市场交易环境，从而促进以住房建设为主体的房地产业良性发展。

(3)提高政府以改善市场信息不充分问题为目的的调控措施的有效性，促进房地产业与社会经济的和谐发展

对住房不确定性质量的识别和度量机制的研究，有利于增强政府对住房开发企业的管理能力，并提高以改善市场信息不充分为目的的调控政策的有效性，从而在建立和谐社会的总体发展目标下，保证房地产业对经济发展的持久贡献作用。

1.2 研究对象与研究范围

1.2.1 研究对象与重要概念

1. 研究对象

本书的研究对象是住房不确定性质量，将探讨两个密切相关的问题：住房不确定性质量的识别和度量。

前者研究住房不确定性质量的识别问题，即验证住房不确定性质量以及住房不确定性质量标识的存在；后者研究住房不确定性质量的度量问题，即定量分析消费者对住房不确定性质量的支付意愿及其影响因素。

2. 重要概念界定

为研究过程的严谨与便利起见，这里首先对本书所涉及的重要概念界定如下：

①住房质量(Housing Quality)：指住房在其使用周期内能够产生住房服务的各种属性的集合。这里的住房不仅仅指建筑结构本身，还包括其所关联的区位属性和邻里属性。住房服务的含义见后文。

②住房不确定性质量(Uncertain Housing Quality)：指在某一时点，住房质量中消费者无法识别的某些属性的集合。

③住房服务(Housing Service)：指从异质住房中抽象出的同质商品，即住房为居民所提供的庇护、休息、娱乐和生活空间的服务，一个单位的住房服务被定义为一个标准住房①在一个单位时间段里所产出的住房服务(Dipasquale et al.，1996)(属于流量)。

④住房消费(Housing Consumption)：指家庭在每个期间内使用住房服务以满足当期消费需求的活动(皮尔斯，1992)。住房消费额是租赁住房每期的租金或自有住房每期的应计租金。

⑤住房选择(Housing Choice)：指从许多价格和特征都存在差异的住房中选择最符合自己需求的一套住房(Quigley，1983)，可以被认为是“消费者”和“住房”之间的匹配关系。

---

① 标准住房(quality-controlled house，或称“同质住房”)是为研究需要人为设定了结构特征、邻里环境、区位状况的住房单元，作为住房的计量单位。标准住房的租金通常采用 Hedonic 模型计算。

⑥开发企业声誉(Developer Reputation)：指消费者基于对开发企业及其所供应住房的历史信息的了解，形成的对开发企业及其所供应住房质量的稳定预期。

1.2.2 研究范围和基本假设条件

1. 研究范围的界定

本书的研究范围是，中国商品住房预售制度下的新建商品住房质量识别和度量问题，以不确定性质量为重点。

在实证分析中，本书以消费者个体或住房个体(项目层面或住房单元层面)为样本单位，属于住房市场的微观研究。同时，本书在得出微观层面的个体规律后，通过抽象与归纳获得宏观层面的市场运行规律。

本书以经济规律分析为主，并从中提炼出一些可供政策制定者和市场参与者参考的行为方向和措施建议。但本书并不以政策设计为目的，故并未将关注重点放在具体政策的制定和实施方法上。

2. 基本假设条件

本书对城市家庭住房选择和住房搜寻的研究基于以下一些假设条件：

①住房市场上有很多买方(消费者)和卖方(开发企业)，相对于交易总量来说，每一次单独的交易是微不足道的。这一点与实际情况基本符合：在供应方面，住房增量的供给者是住房开发企业，目前并未形成垄断；在需求方面，住房增量的需求者基本是较为分散的家庭。

②交易双方都能够很自由地进入和退出市场。

③对于住房和非住房商品，消费者有连续和确定的偏好曲线。

④需求者(消费者)以效用最大化为目标，而供给者(开发企业)以利润最大化为目标。

⑤市场处于均衡状态。

1.3 文献综述

住房和住房市场的特殊性使得对住房商品的研究不能遵循普通商品的一般规律，住房经济学发展遇到巨大挑战。住房经济学的核心内容包括两个方面：一是理论研究，如何通过不同角度对基本的新古典经济学模型进行修正，使之能够包容住房和住房市场的若干重要特殊性；二是实证研究，探求各种住房特征属性对住房价格的影响。

1.3.1 住房质量及其影响因素

20世纪60年代兴起的新古典住房经济学(Neoclassical Housing Economics)对住房和住房市场进行了抽象，并逐步构建了一套相对完整的分析体系。根据新古典住房经济学中对消费者行为、住房特征和住房市场提出的一系列假设条件(Megbolugbe et al.，1991)，住房消费的对象并非市场中观察到的异质性的住房单元，而是住房为居民所提供的庇护、休息、娱乐和生活空间的服务，这种服务被定义为一种同质化、连续性的商品，称为住房服务(Housing Service)。各种住房特征决定了特定住房单元所能提供的住房服务量，而在同一时间点、同一住房市场中(意味着住房服务的单位价格相同)，住房服务量又成为特定住房单元价格的唯一决定因素(Dipasquale et al.，1996)。因此，在住房市场实践中，住房特征就表现出对住房单元价格的极大影响力。

特征价格模型的引入和发展使得学者们有条件定量考察各种特征属性对住房价格的影响，更对住房价格度量带来了深刻的影响(Malpezzi，2003)。在过去近半个世纪的定量研究方面，学者们一直致力于从影响住房使用功能和效用的角度出发分解住房特征属性，以及分析其对住房价格的影响。相关论文数以百计，并已经成为住房经济学中一个重要研究方向。

现有研究中涉及的住房特征属性大致可以归纳为物理特征(Physical Characteristic)、邻里特征(Neighborhood Characteristic)和区位特征(Location Characteristic)三大类。其中，物理特征是对住房单元自身属性的反映，因此又被称为内在特征。一套住房拥有令人满意的物理特征越多，那么它在市场中获得的价格就越高(Ball，1973)。同时，消费者对物理特征的喜好随时间的变化而变化，并存在国别差异(KohIhase，1991)。邻里特征泛指与住房周边环境相关的各种特征属性，通常不受某一住房单元或住房所有者的影响，因此又被称为外在特征。邻里特征又可以分为三种，一是反映社区居民群体的特征属性；二是反映社区公共服务设施情况的特征属性；三是影响居住环境的公共品外部性。而区位特征则泛指与住房位置相关的各种特征属性。住房市场中，“位置，位置，还是位置”(Location，Location and Location)的名言充分说明了区位在消费者进行住房选择中的重要性，这是因为住房所处的位置决定了交通便利性、与重要地点的距离等多个对消费者效用影响很大的因素。

上述三种特征均可以进行进一步的细分，例如 Galster 指出邻里特征可以进一步划分为基础设施特征、环境特征等十类(Galster，2003)。表1-1综合相关文献中得到的结论，列举了现有研究中主要讨论的重要特征属性(Ball，1973；Chin et al.，2003；Kain et al.，1970；Leong，2000；Peek et al.，1991；Sirmans et al.，2005)。当然，对于某一特定特征属性而言，不同学者基于不同数据得到的其对住房价格的影响程度甚至影响方向都还可能存在差别，在此不一一赘述。

国内学者对住房质量构成的研究主要以利用特征价格模型进行定量分析为表现形式。随着政府部门对住房交易环节管理的日益规范，住房交易相关数据的记录和保存逐步完善。自2003年起，利用特征价格模型进行的实证研究出现了快速的发展。马思新等(2003)、柳欣欣(2005)、温海珍(2005)和王旭育(2006)等学者利用特征价格模型，分别对北京、大连、杭州、上海等城市住房市场中各特征属性对住房价格的影响进行了深入的定量研究，并对这一过程中存在的自变量选择、模型形式选择、估计方法选择等技术细节进行了讨论，大大推动了特征价格模型研究在我国的发展。在这些研究中，对住房质量特征的构成分析，多遵循三种传统属性的划分方法进行变量选取，鲜有创新之处。

表1-1 文献中对住房特征属性的基本分类

类别	特征属性
物理特征	建筑类型、宗地大小、建筑面积、房间(卧室、浴室)数量、建筑年限、地下室、阁楼、庭院、空调系统、暖气系统、装修、建筑材料、建筑质量、建筑外观
邻里特征	社区居民特征(种族构成、社会阶层分布、职业特征等)、公共服务(学校质量、医院、教堂、购物中心、会所、运动设施等)、公共品的外部性(空气质量、噪音、固体垃圾、水体质量、犯罪率、繁华程度等)
区位特征	与CBD(或就业中心)距离、公共交通服务(轨道交通、高速公路、公共汽车站等)、景观、风水

1.3.2 住房不确定性质量

新古典经济学的基本假设是理性经济人和“完备信息”。在这个假定下，任何经济行为的结果都是确定的。也就是说，选择和结果是一一对应的，“帕累托最优”是可以实现的。但现实世界中并不存在这样完全确定的市场。基于对“充分信息假定”的质疑，诺贝尔经济学奖获得者George J. Stigler(1961)在

1961年创建了信息经济学(Information Economics)，并吸引了大批学者对信息不对称下经济主体行为进行研究。质量不确定性问题是信息经济学一个重要研究内容。

在信息经济学中，根据消费者在购买商品前了解产品质量的难易程度，将商品分为搜寻产品和经验产品(Nelson，1970)。其中，搜寻产品(Search Goods)是指那些在购买前就能确定质量的商品，如哑铃。对于此类商品的相关特性，消费者通过购买时的触摸、掂量和观察能够很容易地辨别出，其主要研究核心在于质量和产品多样化而造成的产品选择问题。经验产品(Experience Goods)是指那些须在购买并使用后才能了解质量情况的商品，如没有吃过的食品和没有用过的软件。此类产品的相关特性需要在使用一段时间后才能辨别和了解。其主要研究核心在于如何通过信号传递，缩小生产者和消费者之间的信息不对称，如何增加消费者在购买前对产品质量的了解，以及如何激励生产者提供更多的产品质量信息。在一些存在严重信息不对称的市场中，则需要通过政府干预来解决信息不对称问题，如医生和律师的服务等。

1. 不确定性质量问题的理论研究

从信息经济学和博弈论的角度上看，在一个不确定性的经济活动中，个人行动(或内在特质)往往是不可观察的，但是如果某一经济主体在经济活动中的行为方式能够保持稳定不变，则其他经济主体就会对该经济主体的行为产生一种稳定的预期，这种某一经济主体使其他经济主体对其行为产生稳定预期的过程，就是该经济主体声誉的形成过程(Barro，1986)。20世纪70年代，随着对新古典经济学理论的修正和不完备，市场相关理论——信息不完全理论与交易费用理论的兴起，对声誉问题的相关研究逐步在主流经济学领域受到重视。而博弈论的发展，为声誉问题的研究提供了更具逻辑性与解释性的分析工具。

1982年，Kreps等(1982)在一篇经典的文献中构建了一个声誉模型——KMRW声誉模型。该模型通过放松新古典经济学中的不存在信息不对称的假设，研究了在不完全信息重复博弈中经济主体之间合作行为的可信性问题，并得出了一个比较重要的结论：即在重复交易过程中，交易各方追求的是长期收益最大化，当交易一方做出损害另一方的行为(不合作)时，就会暴露自己的声誉类型，从而失去获得长期合作收益的可能。因此基于长期利益的考虑，交易各方都会约束自己的短期机会主义行为，以便使交易伙伴对自己形成一个良好的声誉印象，进而赢得长期合作收益。“KMRW声誉模型”的本质是将声誉视为经济主体追求长远利益的一种约束和激励机制，它表明声誉对经济主体策略行为的选择和均衡结果的变动具有重要的影响。正因如此，声誉成为研究不对称信息情形下经济主体行为的一个不可忽视的因素，有关声誉问题的研究文献也开始逐渐渗透到经济学和金融学的各个领域中，并出现了一系列与声誉问题相关的理论。其最典型的代表是“产品质量声誉理论”、“代理人声誉理论”以及“金融中介声誉理论”，这些理论的兴起使声誉问题成为现代经济理论研究的一个重要组成部分。

产品质量声誉理论的起源可以追溯到乔治·阿克洛夫(Akerlof，1970)在其著名的《柠檬市场：质量不确定和市场机制》中提出的“逆向选择理论(Adverse Selection)”。阿克洛夫以二手车市场为例指出由于信息不对称将导致“市场失灵”。其基本论点是：在许多商品交易中，交易双方对产品质量存在信息不对称，卖者对产品质量真实情况的了解程度远优于买者。而买者因不了解单个产品的质量情况，将根据市场上所有产品的平均质量情况支付意愿价格。生产的产品高于市场平均质量的卖者，因在无法获得与质量情况相匹配的价格收益，将逐步退出市场，即高质量产品将被低质量产品逐出市场，从而使得市场运行失效。在均衡的情况下，只有低质量的产品成交，在极端的情况下，市场根本不存在，交易的帕累托改进不能实现(图 1-1)。

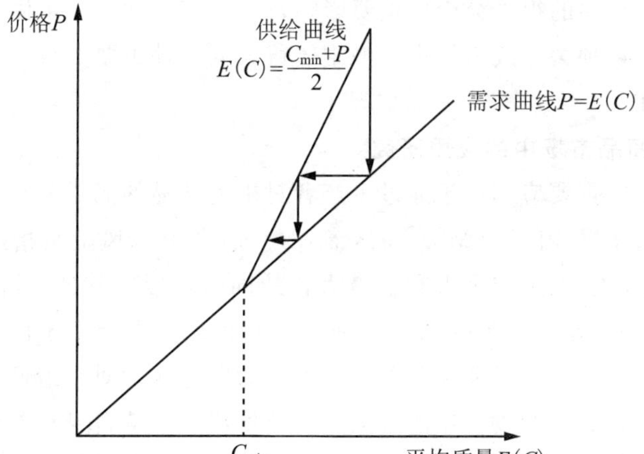

图 1-1　逆向选择理论的极端情况

在这种情况下，生产优质产品的生产者为了防止被逐出市场，将主动提供表征其产品质量情况的信号，如建立品牌的声誉或维持标准化的生产，以增加消费者对其产品的信心。市场信号传递的概念最早是由 Michael Spence(1973)

提出：指卖方可以通过某些信号向买方传递有关产品质量。生产高质量产品的卖方选择某种活动或特征作为显示其产品质量的信号向买方传递，由于生产低质量产品的卖方从事该项活动的成本太高或不具备这种特征，因而不能向消费者传递相同的信号。这样，买方能够凭借质量信号就可以将高质量产品识别出来。所谓信号传递就是指拥有信息优势的一方向处于信息劣势一方提供的信息传递。信号传递可以理解为激励机制的一个特例，其目的在于促使拥有私人信息的一方主动进行发表信息，以促进帕累托改进的实现。

上述逆向选择和信号传递机制实际上暗含着声誉产生的条件：①交易双方存在质量信息不对称，一方因更加了解产品质量情况，而处于信息优势；②质量对买卖双方而言都是有价值的；③处于信息优势一方不具有定价权；④外在制度如担保和合约等并不能消除质量不确定性(Genesove，1993)。而对这些条件的逐步弱化构成了后来经济学家进一步发展产品声誉理论的主要思路。

从这个意义上而言，经济主体的声誉就是显示该经济主体行为倾向或不可观察的内在特质的一种信号，这种信号具有可传递性，它使一定范围内所有其他经济主体都可以通过这一信号来识别该经济主体的行为特征和类型，并且进而影响其他经济主体可能采取的行为策略。因此，经济主体的声誉状况对经济主体在交易过程中的得失会产生重要影响，也正因如此经济主体对自己的声誉都非常关切，这种关切成为约束经济主体行为的一种重要力量，而这也正是声誉价值的所在。

2. 普通商品市场中的应用研究

声誉理论的重要应用在于通过生产者对重复交易的渴望来减少短期机会主义行为，即道德风险问题(Moral Haazard)。所谓道德风险是指经济活动中一经济主体(代理人)在追求个人利益最大化的同时，侵害其他经济主体(委托人或其他代理人)利益的行为(Pauly，1968)。该问题主要是由于信息不对称所引起，即参与交易的一方不能观测到另一方行为所造成。对于道德风险问题的解决，主要是设计具有激励作用的合同，以诱使代理人从自身利益出发选择对委托人最有力的行动。Stiglitz(2000)指出由于契约的不完善性，以及执行成本问题，因而对于信息不对称下的激励问题只能提供一个不完全的解决办法，其中声誉在提供激励方面起着极其重要的作用。

对普通商品市场质量不确定性问题的研究主要包括两个方面：一是理论研究，主要基于对声誉的产生及其作用机制的理论推导，以及是否存在声誉以外的其他由企业自发传递的质量信号机制，即质量信号的选择问题；二是实证研究，以测量各种不同质量信号对消费者购买决策的影响程度为主。

Klein 等(1981)和 Shapiro(1982)的研究认为，当产品质量存在信息不对称(Asymmetric Information)时，厂商声誉(Firm-specific Reputation)可防止产品供给质量的恶化。从长期而言，厂商生产高质量的产品可以获得较高的报酬。声誉可视为预期产品的质量，声誉愈高，消费者对产品质量的预期也会愈高，从而愿意支付较高的价格去购买该产品，以降低质量不确定性。声誉成本与生产成本差距愈大时，其价格的差距也愈大，两者之间呈正相关，即拥有较高声誉的厂商可以向消费者索取较高的产品溢价(Premium)。

Shapiro(1983)推导出消费者无法观察产品质量时的价格与质量均衡点，并将这个差价定义为消费者为获取产品质量情况而支付的信息成本(图 1-2a)。消费者购买高质量产品的意愿越强烈，所需支付的信息成本也会相应越高。在均衡状态，Shapiro 将质量视为声誉，因此购买高声誉产品，所需支付的价格也相对较高。厂商为了维持高声誉而不会随意降低产品质量，因为短期内可能会有损失，但在长期而下仍会有利润产生(图 1-2b)。因此，好的声誉被视为如同资产一般，能够降低消费者对产品质量的不确定性。

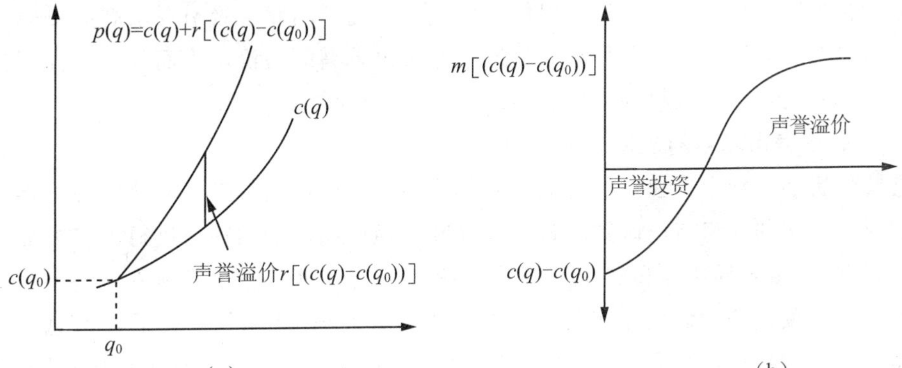

图 1-2　长期企业声誉投资经营策略

Allen(1984)指出在完全竞争市场下，因消费者在购买前无法观察产品质量，而造成厂商存在生产低质量产品的动机(Incentive)，因此消费者只能通过厂商声誉好坏来判断其产品质量情况的高低，Allen 还以理论推导证明声誉即是质量保证，厂商只会以高价格出售高质量产品。在均衡状态时，产品价格等于平均成本而大于边际成本，此时将不再有动机诱使厂商为降低价格去生产低质量产品，因为消费者存在因察觉产品质量降低而拒绝购买的行为倾向。

Sharp(1995)认为要在专业领域上建立一个优良的品牌，其方法是保持现有顾客高满意度或厂商长期持续建立的品牌声誉。只有先满足现有顾客的需求，厂商才能向其他消费者提出满意的保证。这项从服务业角度出发的研究认为，由于厂商专业服务的效果消费者难以评估，且信息无法充分揭露，所以消费者面对此信息不对称的产业时，常常会以品牌知名度来作为初步选择的参考因素。因此声誉卓越的厂商更容易在信息不对称程度高的环境中为消费者提供一个良好的购买标识。

除声誉以外，有学者提出将广告作为质量信号的假设(Milgrom et al.，1986)。其结果显示广告支出愈多表示其产品质量愈高，由此推断价格愈高的产品表示其质量愈高。但当广告支出达到某一水平时，厂商即使不打广告也能以较高的价格将产品卖给消费者，因消费者已经认定该产品具有高质量水平，所以愿意支付较高的价格。因此透过广告让消费者了解其产品的质量，能使拥有良好声誉的厂商向消费者索取较高的产品价格。

此外，对于服务质量不易维持稳定的产业，厂商可以借由信号传递来降低信息不对称和道德风险问题。如借由投资某些资产而透露其追求高质量的信息，这些投资行为有别于只能提供低质量的厂商，因此会吸引寻求高质量服务的消费者，而消费者为取得高质量服务愿付出较高的溢价，进而降低厂商因投机行为而进行偷工减料的动机(Singh et al.，2000)。

3. 住房市场中的应用研究

住房是一种十分独特的商品，并相应地给住房市场带来许多特殊性。学者们对于住房和住房市场区别于普通商品和普通商品市场的特征进行了多方面研究，并对“由于异质性和交易不频繁等特殊性质，使得住房市场成为一个信息不对称程度偏高的低效率市场”达成一致。20世纪70年代末之后，信息经济学被引入到住房市场研究中，“如何通过特殊的制度安排来降低信息成本”已成为住房经济学领域中新的研究热点。

在商品住房预售制度下，由于消费者购买的是在建工程，对产品质量情况仅根据开发企业单方面的描述而形成预期，潜在质量风险较大，市场信息不对称程度增强。在商品住房预售交易中，由于消费者不能观测到开发企业对保证住房质量所付出的努力，再加上住房产品的异质性和隐蔽性，在合约中规定出所有住房质量标准非常困难，而且需要花费巨大成本。因此，一旦开发企业与消费者签订了预售合同，开发企业存在通过降低住房质量而削减成本的动机。这属于信息经济学中的道德风险问题。

Ong(1997)证明了道德风险问题在住房市场中的存在，并通过建立努力无效模型，论证了预售合同将产生较高的住房过失概率。Gwin(2000)用博弈论的方法进一步论证了住房过失担保对解决预售制度下住房市场逆向选择问题并没有太多帮助。然而Ong等人看似很有逻辑的理论推导结论却和时下预售制度的普遍盛行现象相矛盾。如果预售住房质量低于消费者预期，消费者将降低其支付意愿，并支付较低的价格，而开发企业将进一步降低住房质量。在这种状态不断重复时，预售住房质量将最终降低到最低点(例如法律上要求的最低住房质量，或是售后担保所能承担的最高情况)，也就是逆向选择问题。在极端情况下，这将意味着整个预售市场消失(或者与现房销售市场相比，预售市场将非常不活跃)。这样的分析结论与多数亚洲市场中活跃的预售交易情况截然不同，尤其是中国内地、中国香港以及中国台湾地区。

Chau(2007)对于Ong模型提出质疑，认为其缺乏对于住房交易的动态考虑，因假设消费者对开发企业努力水平的估计与开发企业的历史经营状况无关，而忽略了消费者从成功或是失败案例中学习的能力。Holmstrom(1979)的研究表明，评价开发企业对未完工住房的努力情况对于提高交易双方的福利均具有一定的价值。这就说明，消费者不完全是被动的，他们可以通过一定的方式来确保开发企业为使住房正常完工的努力能够达到他们的期望水平。因此，Chau(2007)认为：以降低质量换取的单次交易利润不能达到开发企业利润最大化的要求，开发企业须通过对建立声誉，即通过提供高质量住房来建立企业声誉，方可以得到更多利润，并通过香港的案例数据分析，从实证研究上证明了声誉溢价的存在。

Yang(2001)运用北京的数据，通过引入住房质量风险变量，从实证研究角度证明在北京住房市场中存在消费者为质量不确定性所支付的风险溢价，即消费者愿意支付更高的价格以降低住房不确定性质量的风险。施工质量的隐含价格为718元/平方米。

国内学者对质量不确定性问题的研究多集中在普通商品市场中，而对住房不确定性质量问题的研究甚为罕见。

1.3.3 住房质量的度量方法

住房和住房市场的特殊性大大提高了住房经济学研究的难度。根据Arnott(1987)的总结，其中最重要的特征包括：必需品性、高价值性、耐久性、空间固定性、不可分割性、复杂和多重异质性、市场分散性、生产的非凸性、信息不对称的重要性、交易成本的重要性以及缺乏相关的保险与期货市场等。其中，异质性(Heterogeneity)是住房单元最重要的特征。因此，在传统新古典经济学模型中解决异质性，成为住房经济学理论研究的首要问题。

特征价格模型(Hedonic Price Model)是用于处理异质性产品特征与价格关系的重要分析工具。Hedonic 一词是从希腊语 Hedonikos 转化而来，本义为"享乐的"，在经济学上是指商品或服务给消费者带来的满意度。特征价格模型的研究起源于 20 世纪二三十年代，首先应用于汽车行业。1939 年，Court (1939)发表了"Hedonic Price Indexes with Automotive Examples"一文，文中指出，鉴于汽车用途的复杂性，难以使用单一指标衡量汽车品质，而需综合使用多个指标。根据这一思路，利用多元线性回归模型，Court 考察了净重、轴距、动力三项因素对汽车价格的影响，并由此编制了同质化的汽车价格指标。Court 的这一思路及其模型基本形式一直沿用至今，同时他在这篇文章第一次使用"Hedonic"一词作为标识这一分析方法的术语，因此，这篇文章被普遍视为特征价格模型领域研究的起点。

进入 20 世纪 70 年代后，特征价格模型理论得到了进一步的完善。Lancaster(1966)从消费者行为分析入手，对效用和偏好理论进行了扩展。他指出，异质性商品是由各种同质的特征(Characteristics)或属性(Attributes)聚合而成。相应的，消费者对异质性商品的需求并不在于商品本身，而在于商品所包含的各种特征或属性。根据这一思路，Lancaster 将单件商品转化为由各种内在特征组合而成的特征束，家庭从商品中获得的效用水平高低则取决于特征束中包含的各种特征的数量。相应的，在描述消费者的收入约束时，也不能简单使用商品的总价格，而需要采用一系列对应商品各种特征的特征价格来表示。概括而言，Lancaster 将各种特征视为独立的商品，从而将传统的以商品为维度的商品空间扩展为以特征为维度，为消费理论提供了新的研究思路。

Rosen(1974)进一步深入分析了基于商品特征的市场供需均衡模型。以 Lancaster 提出的效用理论为基础，Rosen 证明了，在实现市场均衡时，消费者和生产者都以各自的效用(或利润)最大化为前提，则对于每一宗交易而言，都应有消费者报价曲线、生产者要价曲线和特征价格函数相切于同一点。因此，通过回归分析等手段，分析商品价格与商品特征之间的关系，即可得到各种特征的边际价格。这一结论构建了 Court 开创的质量与价格关系的多元线性回归分析与 Lancaster 提出的特征价格理论之间的联系，使得特征价格模型的理论基础基本完善。

Lancaster和Rosen分别从消费者选择、需求和供应等角度奠定的特征价格模型理论基础一直沿用至今。此后学者对特征价格模型的研究重点转向了操作层面，包括特征价格模型的模型形式与估计方法的选择等，并促使特征价格模型日渐完善。

在模型形式选择方面，早期的特征价格模型一般采取三种形式，包括线性形式(Linear)、双对数形式(Log-log)和半对数形式(Semi-log)。但随着对精度要求的提高，为了更准确地描述特征属性对住房价格的影响，一些相对复杂，但较为灵活的函数形式也被逐渐引入，包括超越对数(Translog)和半对数二次(Semilog Qquadratic)等线性模型的改进形式，以及广义线性(Generalized Linear Functional Form)等形式的非线性模型(Diewert，2001)。这些模型的共同之处在于考虑了自变量间的交互影响关系，能够更好地反映自变量和因变量之间的潜在关系。随后，Box-Cox变换也被应用于特征价格模型，其主要思想是利用Box-Cox变换来求取最合理的模型形式。对于Box-Cox变换，一方面，因其具有最为灵活的函数形式，自20世纪80年代诞生以来便逐渐成为学者们的新宠(Sheppard，1999)；另一方面，模型中不能包括哑元变量也成为阻碍其应用的限制条件(Linneman，1980)。

在模型估计方法上，有研究表明，估计特征价格模型的标准方法是参数方法(Cour，1939)，其中又以普通最小二乘法(Ordinary Least Square，OLS)最为容易进行统计推理和假设检验。近年来学术界提出了一些新的估计方法，如半参数估计(Anglin et al.，1996)、非参数估计(Mason et al.，1996)以及空间自回归估计(Basu et al.，1998)等。有研究证明，这些估计方法的改进将对模型准确程度的提升有所帮助(Triplett，2002)。

在Lancaster和Rosen等人的带动下，特征价格模型进入了快速发展和广泛应用的阶段，其中，住房也逐渐成为其重要的应用领域。1967年，Ridker第一次将特征价格模型应用于住房市场分析，定量计算了空气质量改善对住房价格的影响(Ridker et al.，1967)。Quigley(1979)归纳了特征价格模型在住房市场中的主要应用方向包括：编制价格指数、估计各种特征(例如建筑特征、邻里特征和区位特征等)对价格的影响、估计住房的内在价值及价格与价值的偏离程度以及估计住房特征需求方程等。目前，特征价格模型已经成为学者进行住房市场分析(尤其是微观分析)最重要的一种工具。

国内学者对特征价格模型的理论研究以对该理论的简单介绍为主，并将其作为编制房地产价格指数的一种方法。1995年，王力宾(1995)首次系统介绍特征价格模型及其在住房价格度量中的作用之后，不断有学者对特征价格模型的基本理论、函数形式选择、估计方法以及变量选择等方面进行了介绍(蒋一军 等，1996；元琳 等，2000；张宏斌 等，2000；李国柱，2003；刘芳，2003；马思新 等，2003；郑思齐 等，2003)。

1.4 研究方法与技术路线

1.4.1 研究方法

本书的主要研究方法是理论研究(Theoreticas Study)与实证研究(Empirical Study)相结合。首先建立住房质量与住房价格关系分析的基础理论框架，通过对住房质量构成的分解，分析各质量构成与住房价格形成间的内部机制，并提出相应的理论假设。其次通过逐步放松新古典住房经济学的假设条件，对理论假设逐一进行实证分析求证。涉及的相关理论包括微观经济学、住房经济学和信息经济学。

理论研究与实证研究各有其优劣势：理论研究以演绎(Deduction)手法获得经济问题的内在规律，但所提出的假设必须通过实证检验；实证研究以归纳(Induction)手法从现实世界中抽象出系统规律，但由于实际问题的复杂性和噪声干扰，有时很难判定其因果关系。因此本文将两者紧密结合，使归纳与演绎互为基础，相互促进。本书由于有着很强的现实背景，故最终的落脚点以实证研究为主，并力图能够解释现实问题。

在实证研究中，本书以定量分析为主，辅之以必要的定性分析和解释。定量分析方法主要采用微观计量经济学方法。对于模型估计结果，一般并不直接作为结论，而是与理论研究的假说和一些定性分析相互对照，从而获得可信度更高的结论。

1.4.2 数据结构

本书的实证研究中以成都住房市场为研究对象，所采用数据分为客观数据和主观调研两大类，前者主要贯穿于对住房质量与住房价格间关系的实证研究中(第 3、5、6 章)，而后者则主要用于不确定条件下消费者住房选择行为的实证研究中(第 4 章)。本书在各部分的实证数据来源见表 1-2，其中成都住房市场的基本情况介绍见附录 A。

微观数据的缺乏一直是制约我国住房微观问题研究的主要障碍。本书在选取实证数据时，主要依据权威性、代表性和可操作性强等原则，在现有条件下力图获得最可靠的数据。主要考虑方面如下：

表 1-2 实证分析数据结构

数据分类	数据内容	数据来源
客观数据	住房交易样本（成都）	成都房地产信息数据库（来源于成都市房管局）
	开发企业属性样本（成都）	成都房地产开发企业诚信信用档案系统（来源于 http://www.reicp.com）
主观数据	消费者调研样本（成都）	成都消费者购买决策样本（来源于实地调研）

①尽可能使用国家统计局和地方政府职能部门公开公布或内部使用的统计数据。住房市场宏观数据全部来自国家统计局和成都市统计局出版的各类统计年鉴；住房交易微观数据为成都房地产信息数据库的全样本数据①；开发企业性质微观数据则取自地方政府职能部门网上公布的公开信息。数据具有较好的权威性和真实性。

②在无法得到官方数据的研究领域，辅之以自行调查获得的样本，并保证抽样的严格性。官方统计数据并不包含住房购买决策信息，故在研究中采用了课题组与成都市房管局联合调查所获得的消费者调研样本。该样本是对参加第28届成都市房地产交易会(2006年秋季)的消费者进行随机抽样而得。

1.4.3 技术路线

本文以质量不确定条件下的住房选择为核心展开研究。书稿的技术路线如图 1-3所示。

① 该数据库是由成都市房管局依据住房交易备案信息建立的。

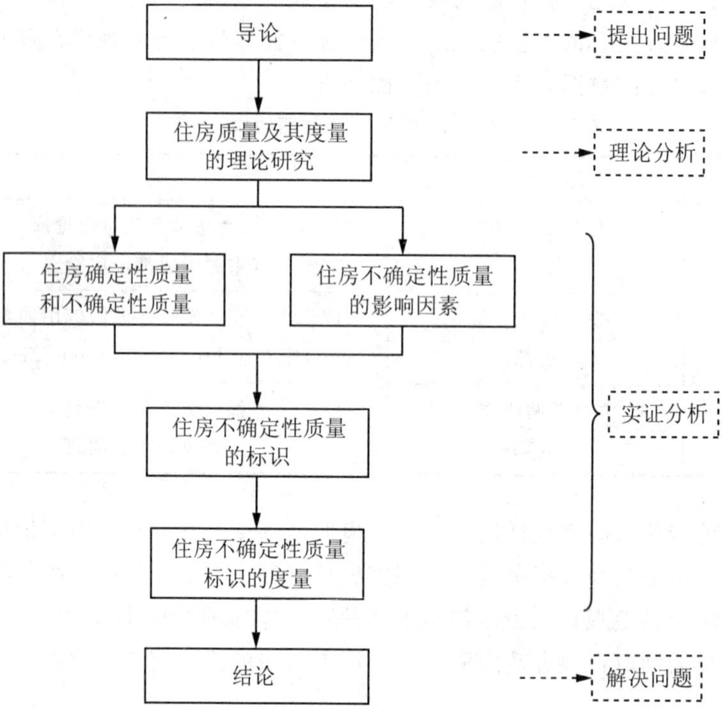

图 1-3　研究技术路线图

1.5　本书主要内容和结构安排

本书重点研究不确定条件下住房质量和住房价格间的相互关系，通过对住房质量构成分析，提出了住房质量存在不确定性问题及其与住房价格间关系的理论假说，并通过实证检验证明，住房不确定性质量存在具有“因开发企业而异”的特征。通过模拟消费者住房选择中的开发企业偏好，归纳了消费者偏好特点，验证开发企业声誉成为住房不确定性质量标识的可行性，并在此基础上，定量分析消费者对住房不确定性质量的风险溢价支出，及其影响因素。书稿遵循“假设—求证”的逻辑框架，全文安排如下。

第 1 章为导论。阐述了书稿的研究背景和研究意义；对国内外相关研究，包括住房质量及其影响因素、住房不确定性质量以及住房质量的度量方法等相关研究的现状进行了综述；并介绍了本书的主要研究方法与技术路线、书稿主要内容与结构安排等。

第 2 章为住房质量及其度量的理论研究。从理论上分析住房质量及其影响因素，并对特征价格模型进行了修正，进而建立了从住房价格差异出发度量住房质量的理论分析框架。

第 3 章至第 6 章为实证研究部分。

第 3 章为住房确定性质量和不确定性质量。该章所要回答的问题是：住房不确定性质量是否存在，特征如何？以微观住房交易样本为数据基础，应用 Hedonic 模型定量分析各种住房质量属性的特征价格，以及住房不确定性质量的规模及其表现规律——存在因开发企业而异的特征。

第 4 章为住房不确定性质量的影响因素。该章所要回答的问题是：消费者是否愿意购买具有较高声誉的开发企业的住房，为什么？以消费者调研样本为数据基础，采用结构方程组的分析方法，模拟住房质量不确定条件下，消费者"因开发企业而异"的购买选择过程，归纳影响消费者选择行为的因素——质量不确定条件下消费者对开发企业的选择规律表现为对具有较高声誉的"知名企业"的偏好。

第 5 章为住房不确定性质量的标识。该章所要回答的问题是：开发企业声誉是否能够标识住房不确定性质量？运用开发企业和消费者特征的客观数据，归纳"知名企业"的特征规律以及具有该偏好的消费者群体特征，验证知名企业特征能够反映消费者"因开发企业而异"的偏好，并具备成为住房不确定性质量标识的条件。

第 6 章为住房不确定性质量标识的度量。该章所要回答的问题是：如何通过消费者对开发企业声誉的支付意愿来度量住房不确定性质量？联合微观住房交易样本和消费者调研样本数据，通过对 Hedonic 模型的进一步修正——引入反映"开发企业声誉"的特征变量，定量分析消费者对住房不确定性质量标识的支付意愿及其影响因素。

第 7 章为结论。总结了理论研究与实证研究的成果，提出了应用研究成果的若干建议，归纳了书稿的创新点，以及主要不足之处，并对后续研究提出建议。

第2章 住房质量及其度量的理论研究

住房质量是住房在其使用周期内能够产生住房服务的各种属性的集合。住房和住房市场的特殊性，使得住房质量成为一个多维的体系，并且可以被分解为确定性质量和不确定性质量。我国住房市场中的预售制度使不确定性质量的比重大幅增加。

本章在分析住房和住房市场特殊性的基础上，对住房质量及其中的确定性部分和不确定性部分进行了系统的分解，并探讨了各部分的影响因素、识别方法和度量手段。这些分析形成了住房质量识别和度量的理论框架，是以后各章实证分析的理论基础。

2.1 住房和住房市场的特殊性

2.1.1 住房的特殊性

住房是一种耐用商品，且同时具有资产属性和生活资料属性，这使得住房同一般商品相比较存在较强的特殊性，主要表现为：异质性、空间固定性、耐久性(Maclennan，1982)、专业性和隐藏性以及质量不确实性。这些特殊性使得对住房的经济分析，不能遵循一般商品的普遍规律而进行。

(1)异质性

异质性是住房最重要的特征。根据 Tu 等(2003)的总结，这种异质性来源于以下几方面原因：首先，源于住房的空间固定性，特定的住房区位总是与一定的通达性、社区环境、公共服务水平，乃至社区居民构成、人际关系环境等软硬件条件结合在一起，并进而导致不同区位住房之间的显著差异。其次，即使在相同区位上，不同住房单元在建筑材料、建筑结构、内外装修、面积水平等诸多内生性特征上也存在明显的区别，并进而导致相同区位上的不同住房单元之间也存在着显著差异。最后，由于住房的耐久性特点，住房既可能在使用过程中发生老化，也可能会因为业主的翻新改造而出现特征变化。此外其区位条件也随城市发展而发生改变。因此，不仅任何住房单元都是独一无二的，甚至于同一住房单元在不同时间点上也不能视为同质——这正是典型的完全异质性商品(又称为完全差异化商品)的特征(Dipasquale et al.，1996)。这种异质性决定了住房质量的差异对效用的影响是多维的，而非普通商品的单维。大多数现有研究中将住房特征属性归纳为三类：物理特征、区位特征和邻里特征。其中，物理特征是对住房单元自身属性的反映，又被称为内在特征；区位特征泛指直接反映住房所在位置可达性的各种特征属性；邻里特征则泛指与住房周边环境相关的各种特征属性，这两者通常不受某一住房单元或住房所有者的影响，因此又被称为外在特征。

(2)空间固定性

从严格意义上说，房地产是指土地及附着于土地之上的建筑物、构筑物和其他附属物的总称。作为房地产的一种形态，住房也同样附着于某一位置不可移动的土地之上，并具有位置的空间固定性。这种不可移动性意味着消费者在选择住房的同时，也隐含了对许多其他商品和服务的选择，如邻居和所属区域的公共品服务(即周围环境影响)，以及建筑物自身构成部分的特征等。Smith 等(1988)与 Megbolugbe 等(1991)均认为，住房空间固定性所产生的特殊性至少包括以下四个方面：首先是与重要地点的距离，例如城市就业中心、商业区、交通路线等；其次是相邻地块的环境和用地性质；再次是邻里的社会经济特征；最后是所在区域的政府政策(例如规划的限制)。正如住房市场中的名言“位置，位置，还是位置”所反映，区位是消费者在选择住房时所考虑的关键因素，它决定了交通便利性、与重要地点距离、社区环境、邻里特征等多个对消费者所获效用影响很大的因素，使得消费者在进行购买决策时，需亲临现场考察，搜寻成本增加。因此消费者在进行住房选择时，不但受预算线的约束，同时还要考虑搜寻成本的约束。住房的空间位置固定性使其生产流程难以实现机械化作业，多数工序需通过人工方式完成，异质性进一步增强。

(3)耐久性

住房的使用寿命很长，属于耐用品(Durable Goods)。住房的耐久性一方面说明了，消费者购买住房所获得的收益并不像购买普通商品那样，只是一次性的效用或收益，而是类似租金收入的分期收益。因此消费者在购买住房时考虑的不仅仅是当期效用最大化，而应是“住房使用周期”内的总体效用的最大化，即跨期选择。另一方面也说明，消费者在一生中买卖住房的次数将十分有限，住房交易发生频率较低，消费者自身交易经验不多，需花费较多的搜寻成本才能获得足够的信息。同时，作为耐用品的住房，其价值量较大，在具有生活资料属性的同时，也具有资产属性。这就使得住房需求成为消费需求和投资需求的组合，单纯的住房消费需求可以通过租赁住房来实现，而购买住房行为则是同时实现了消费和投资两种需求。投资品的性质决定了，消费者在购买住房的同时将预期其未来价值的提升。因此购买住房的决策是家庭的重要决策。由于住房价值量较大，影响住房购买决策的主要因素是持久收入（Permanent Income），而非当前收入（Current Income）（Dipasquale et al.，1996），因此，住房的预算约束也表现为跨期性。

（4）专业技术性和隐蔽性

住房的生产过程相对复杂，涉及设计、施工和监理等多个领域，故具有较强的专业技术性。同时，复杂的生产过程也使得住房中包含了大量被后续工程所覆盖的隐蔽工程，如基础、钢筋混凝土、内部暖通工程等。鉴于住房具有专业技术性和隐蔽性，消费者对其质量情况难以通过购买前的触摸、掂量和观察进行辨别，而需要在后续长期使用过程中逐步了解。信息经济学中，将这种在购买并消费后才能确定质量的商品称为经验商品（Nelson，1970）。作为一种典型的经验商品，消费者在购买前难以对住房质量进行明确判断，进一步增加了在购买前了解其质量的难度。

2.1.2 住房市场的特殊性

住房的特殊性将影响住房交易情况，使得住房市场在具有普通商品市场一般性的同时，还具有特殊性。

（1）物业市场与资产市场并存

住房耐用品的性质使得住房需求存在两种形式：一是租住他人住房的租赁消费；二是拥有自有住房的购买消费。每一种消费行为都对应于不同的市场，且两个市场存在相互关联性。租赁消费对应于物业市场（Property Market），反映住房一般消费品的属性。市场交易对象为住房服务，即住房为居民所提供的休息、庇护和生活的居住空间。住房需求表现为消费需求，消费额对应于每期的租金。购买消费则对应于资产市场(Asset Market)，反映住房投资品的属性，市场交易对象为住房资产。住房需求则表现为消费需求和投资需求的组合，此时的住房消费额对应于该住房每期的应计租金，而住房投资额则等于住房的价值(价格)(郑思齐，2006)。

物业市场和资产市场间的关系如图 2-1 的四象限模型(Four-quadrant Diagram)所示：从某个存量值开始，在第一象限的物业市场中确定租金(对于自有住房而言则为应计租金)；这个租金可以通过资本市场，在第二象限中转换为物业价格；接着，如第三象限所示，这些资产价格将导致形成新的开发建设量；而这些新的开发建设量最终会形成新的存量水平，如第四象限所示。当存量的开始水平和结束水平相同时，物业市场和资产市场达成均衡状态。各种外生因素变化(如经济增长、利率调整等)的影响也将通过这一过程传导到物业市场和资产市场中(Dipasquale and Wheaton，1996)。

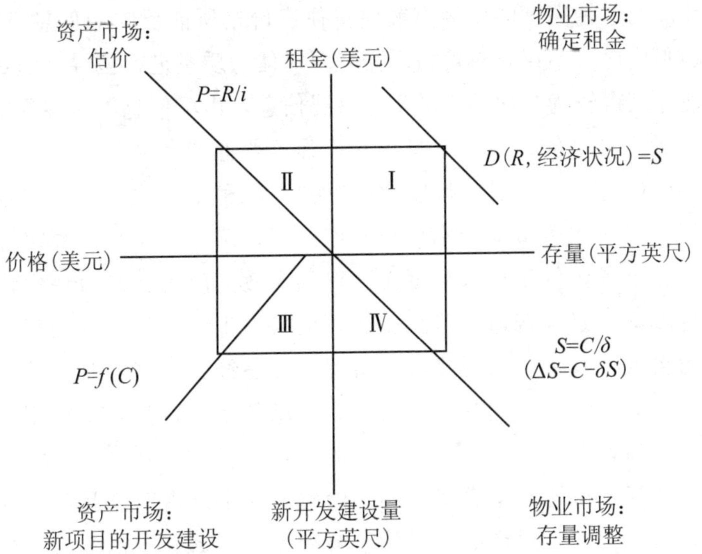

图 2-1 住房市场中的四象限模型(Dipasquale and Wheaton，1996)

(2)存量市场与增量市场并存

住房耐用品的性质使得住房供给也存在两种来源，一是开发企业批量供应的新建商品住房；二是由家庭个体供应的存量住房。相应的住房市场也包括住房增量市场(即新建商品住房市场)和住房存量市场，住房市场被看做是一个存量—流量调整的过程。而新建商品住房市场的供应量相对于数量庞大的住房存量市场微乎其微，其短期供给几乎没有弹性。

(3)信息不对称情况较为严重

在现实环境中，由于没有人能够拥有各方面经济环境状态的全部知识，因此信息不完备几乎是所有市场的共同特征。此时，价格对市场信息的反映是滞后和不完全的，存在商品“同质不同价”的现象，价格在一定幅度内发生波动，即价格离散(黄文平，2000)。价格离散的产生导致了市场参与者之间的信息差别(乌家培 等，2002)。住房市场相对于普通商品市场的特殊性，更是加重了信息不对称情况在住房市场中的表现，其原因包括以下几个方面：

一是价格离散、质量离散。住房的空间固定性通常要求消费者在进行住房交易时需亲临现场进行考察，鉴于时间和精力的有限，消费者仅能有选择地考察小部分而非整体市场的情况，住房价格离散程度进一步加重。同时住房异质性，和以人工操作为主的生产过程，使得质量完全相同的住房并不存在，住房的质量极具离散性。而这种高度的质量离散使得住房价格所能反映的信息进一步减少，消费者在购买住房时不仅要对价格，而且要对住房质量进行搜寻。消费者难以通过有限的搜寻获得较为全面的市场整体情况信息，市场信息不对称程度加剧。

二是市场交易分散、不频繁且私密性强。普通消费品一般存在于交易较为集中的市场中(虽然地理位置可能是分散的)，这种集中化交易能够有效降低价格离散程度。然而住房市场却不尽相同，由于住房空间位置的固定性，难以形成集中的交易市场，价格离散程度无法得到有效的改善。同时住房耐久性和价值量大的特点，使其与普通消费品相比，交易发生频率较低，消费者在一生中买卖住房的次数很有限。这意味着消费者的交易经验不多，难以通过自身的市场实践掌握足够的信息。同时，住房交易信息私密性较强，也加剧了住房市场的信息不完备问题。

任何市场都不可能是信息完备的，消费者和生产者对商品质量永远存在信息不对称，通常生产者对商品质量的了解程度要远远高于消费者。而住房市场的若干特性——质量离散、市场分散、交易不频繁等均使得这一问题更加明显。消费者对市场上出售的住房质量和价格分布情况了解较少，由于受搜寻成本的制约，消费者难以通过信息搜寻来了解市场上所有产品的质量和价格信息，市场信息不对称程度增加，消费者处于严重信息劣势状态。

(4)交易成本较大

通常，交易成本是指在交易过程中，为获得准确的市场信息所付出的成本，以及谈判和经常性契约的成本(Coase，1960)。由于住房市场中信息不对称程度较高，消费者所支付的交易成本增加。在住房交易中，交易成本包括三部分：首先是为获得更准确的信息而支付的成本，即由于市场交易的详细信息难以获得所导致的购房者为搜寻合适住房所支付的成本，称为信息搜寻成本(Search Cost)。其次是因住房更换过程产生的其他成本，如因离开原来所在社区和熟悉的邻里环境所造成的生活便利性损失的附着成本(Attachment Costs)，以及搬迁所带来的现金成本，包括支付给经纪人的费用、抵押贷款手续费、支付给搬家公司的费用等等。最后是由于住房价值量较大，住房消费通常与一些金融消费相关联，因此还包括由于更换住房而产生的金融成本。许多学者的研究都证明了消费者在购买住房时面临交易成本相当高，这种高成本对住房消费产生了一定的阻碍作用(Harmon et al.，1988；Goodman，1990；Haurin，2002)。

2.1.3　我国住房市场的特殊性

我国住房市场由于发展历史较短，除了具备第 2.1.1 节中所述住房市场固有的一般特性外，还具有其自身的特殊性。

(1)住房商品化程度逐步提高，且购买主体为城镇居民

20 世纪 80 年代以前，我国基本不存在市场化的住房消费形式，居民住房消费以实物分配为主。自 1998 年实施住房制度改革以来，住房的商品地位得以确立，我国住房市场化水平得到有效提高。在新增住房的供应结构上，2009 年商品住房竣工面积为 5.96 亿平方米，占全社会新建住房竣工面积的 73%。而这一比例在 1998 年仅为 30%，十一年间商品住房比重增长一倍多(图 2-2)。

随着住房市场化水平的提高，单位购买住房面积不断下降，城镇居民逐步成为商品住房的购买主体。从全国总体住房市场层面来看，2003 年个人购买住房面积达到 32.46 亿平方米，占商品住房市场的 96%①，此后逐年增加。从城市住房市场层面来看，一方面 2005 年部分城市的商品住房市场中，单位购买住房的形式已经完全退出，如表 2-1 所示的上海、广州、深圳以及成都。另一方面，在仍存在单位购房的市场中，个人购买的比例也呈现上升的趋势，如北京，这一比例在 2006 年比 2005 年上升了 3 个百分点。2006 年全国主要城市住房市场中，个人购买住房面积比例通常达 99%以上(表 2-1)。2006 年以后，据不完全统计，我国住房市场依旧维持着这种以城镇居民为商品住房购买

① 本段数据根据《中国统计年鉴》(1996—2010)数据计算而得。

主体的结构形式：上海、广州、深圳以及成都的住房市场全部表现为个人购买，而北京住房市场中个人购买的比例则趋于稳定，维持在95%左右。

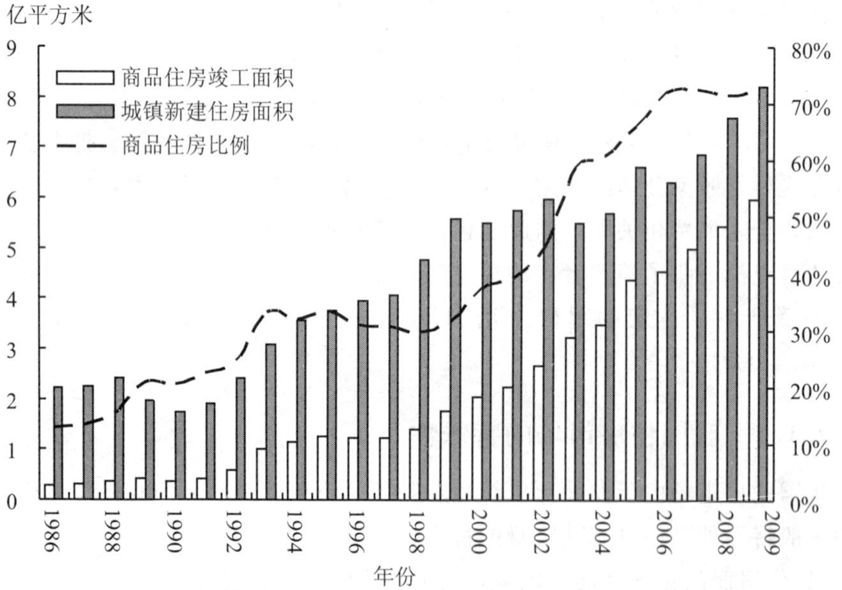

图 2-2　我国历年住房商品化水平(1986—2009)

表 2-1　我国主要城市居民个人购买住房情况(2005—2006)　单位：万平方米

	2005年			2006年		
	市场总销售面积	个人购房面积	个人购买比例(%)	市场总销售面积	个人购房面积	个人购买比例(%)
北京	2 845	2 593	91.17	2 858	2 682	93.87
上海	4 506	4 506	100	3 929	3 929	100
广州	1 530	1 530	100	1 545	1 545	100
深圳	1 497	1 497	100	1 443	1 443	100
成都	959	959	100	1 204	1 193	99.10
全国主要城市合计	24 870	23 911	96.14	26 246	26 127	99.54

注：1. 数据来源：建设部内部统计数据；

2. 合计数据包括：上海、苏州、杭州、宁波、温州、福州、厦门、南昌、青岛、武汉、长沙、广州、深圳、南宁、三亚、重庆、成都、贵阳、昆明、西安、兰州、乌鲁木齐、北京、天津、石家庄、太原、呼和浩特、沈阳、大连、长春、哈尔滨，共计31个城市。

(2)以新建商品住房为主体的市场结构，有利于信息不对称程度的改善

与西方成熟的住房市场不同，我国住房市场交易以新建商品住房为主，存量住房为辅。如表 2-2 的数据显示，2009 年和 2010 年，全国主要城市住房市场中，新建商品住房的累计成交量占市场总成交量的 65%左右，且该比值自 2005 年以来保持稳定态势①。2010 年各城市新建商品住房的平均交易比例为 65%，相比与 2006 年的 78%略有下降。就各地方性住房市场而言，新建商品住房比例因市场发展水平而不同，但总体而言，多数城市住房市场仍以新建商品住房为交易主体。

表 2-2 我国主要城市住房市场交易结构(2009—2010) 单位：万平方米

	2009 年			2010 年		
	住房市场总成交面积	新建商品住房成交面积	新建商品住房比例(%)	住房市场总成交面积	新建商品住房成交面积	新建商品住房比例(%)
北京	3 914.81	2 060.3	52.63	2 775.03	1 226.69	44.20
上海	5 144.81	2 654.23	51.59	3 102.83	1 580.62	50.94
广州	1 937.06	978.32	50.51	1 463.09	637.67	43.58
深圳	2 020.23	793.65	39.29	1 307.84	384.44	29.40
成都	2 023.74	1 520.44	75.13	3 254.5	2 459.66	75.58
全国主要城市合计	47 522.91	30 453.27	64.08	39 982.56	26 123.52	65.34

注：1. 数据来源：建设部内部统计数据；

2. 合计数据包括：上海、苏州、杭州、宁波、温州、福州、厦门、南昌、青岛、武汉、长沙、广州、深圳、南宁、三亚、重庆、成都、贵阳、昆明、西安、兰州、乌鲁木齐、北京、天津、石家庄、太原、呼和浩特、沈阳、大连、长春、哈尔滨，共计 31 个城市。

以新建商品住房为主体的交易结构，有利于改善我国住房市场中信息不对称的程度。其原因包括两个方面：一是数量较大的成交案例；二是相对较少的供应主体。虽然传统经济学认为价格已经包含了所有信息，交易量不会对价格产生影响，但这仅限于市场信息充分的假设条件下。近期行为金融学家在研究证券市场时认为交易是产生信息的源泉，大量的交易案例能够产生可供使用的信息，进而降低资产误度量的可能性，并减小价格波动性(Jiang et al.，1997；

① 2005 年和 2006 年，该数据分别为 66.71%，67.53%。参见孙峤，预售商品住房不确定性质量的识别与度量[博士学位论文]，北京：清华大学，2007。

Daigler et al.，1999)。本书将这一假说应用于住房市场，大量的新建商品住房交易能够增加市场信息的流通量与流通速度，使互为替代品的增量和存量住房交易风险(价格风险与质量风险)下降，有助于改善消费者的信息结构，降低搜寻成本。同时，由于新建商品住房的卖方为批量建设和出售住房的开发企业，相对于存量市场中的家庭个体而言，参与市场交易的企业数量相对较少，交易主体的离散程度得到有效的降低，有利于改善我国住房市场中信息不对称的程度。

(3)商品住房预售模式占新建商品住房市场的主体，信息不对称程度增加

商品房预售制度起源于我国香港地区，1954 年由香港立信置业公司首创(冯邦彦，2001)。当时立信置业公司推出商品房“分期付款”的销售模式：购房人在签订合同时，一般先支付商品房总价款的 10%～20%作为首期；建筑工程完成一半时，再支付总价款的 30%～50%；到商品房交付使用时结清所有总价余款，便可以取得商品房的所有权。在我国大陆地区，上海和深圳首先借鉴了香港商品房预售制度的成功经验①。随后，这一模式逐步扩展到全国其他省市。

在我国住房市场发展初期，中央政府并未对商品房预售制度的具体操作方法做出明确规定，致使该制度曾一度引发严重的社会问题和经济问题。1995 年颁布的《中华人民共和国城市房地产管理法》(以下简称《房地产管理法》)中，对商品房预售制度做出了明确的规定，标志着商品房预售制度的正式确立。根据《房地产管理法》和建设部《城市商品房预售管理办法》的有关规定，商品房预售是“指房地产开发企业(以下简称开发企业)将正在建设中的房屋预先出售给承购人，由承购人支付定金或房价款的行为”②。

由于预售制度能够在住房未完工前，通过期房的定金和预售款的收取，在一定程度上减小了开发企业的资金压力，缩短资金的周转时间，商品房预售制度一经推出受到了开发企业的极大推崇，并成为我国新建商品住房市场中的主要销售模式。通常预售房销售收入占开发企业资金来源的 43%左右(汪利娜，2005)，预售收入已成为企业住房开发资金来源的主体。同时，由于预售合同的签订，开发企业提早将销售风险转嫁给了消费者。从全国层面来看，2010

---

① 1986 年上海市房产管理局发布了《关于商品房预售的几点通知》，1989 年深圳市政府公布的《关于加强深圳经济特区房地产市场管理的试行规定》中对商品房预售制度作了专门的规定。

② 《城市商品房预售管理办法》，2004，中华人民共和国建设部令 131 号。

年全国各主要城市住房市场中商品住房预售总成交面积为2.51亿平方米，占新建商品住房市场总量的95.92%（表2-3），而这一比例在2006年仅为74.52%。从城市住房市场层面看，虽然各城市住房市场的预售比例的变化趋势不尽一致，2010年与2009年相比有的略有下降（上海、深圳和成都），有的则小幅上升（北京），但总体而言商品住房预售模式仍然是各城市新建商品住房市场中的绝对主体。其中，北京、上海和广州市场的比例在2010年仍保持在80%以上，而广州市场从2009年开始则全部表现为预售形式。

表2-3 我国主要城市新建商品住房市场结构（2009—2010） 单位：万平方米

	2009年			2010年		
	新建商品住房面积	商品住房预售面积	商品住房预售比例（%）	新建商品住房面积	商品住房预售面积	商品住房预售比例（%）
北京	2 060.3	1 915.9	92.99	1 226.69	1 148.7	93.64
上海	2 654.23	2 303.58	86.79	1 580.62	1 344.61	85.07
广州	978.32	978.32	100.00	637.67	637.67	100.00
深圳	793.65	660.25	83.19	384.44	313.15	81.46
成都	1 520.44	1 493.43	98.22	2 459.66	2 410.78	98.01
全国主要城市合计	30 453.27	29 114.94	95.61	26 123.52	25 057.61	95.92

注：1. 数据来源：建设部内部统计数据；

2. 合计数据包括：上海、苏州、杭州、宁波、温州、福州、厦门、南昌、青岛、武汉、长沙、广州、深圳、南宁、三亚、重庆、成都、贵阳、昆明、西安、兰州、乌鲁木齐、北京、天津、石家庄、太原、呼和浩特、沈阳、大连、长春、哈尔滨，共计31个城市。

商品房预售制度安排下，消费者购买的是未来的住房，住房不确定性质量成分较多，市场信息不对称程度增加。预售合同属于一种远期合约（Forwards Contract）。所谓远期合约就是交易双方在当前达成在未来某一时间、以某一价格交换某一数量的某种物品的合约（朱宝宪，2001）。结合住房本身的异质性，远期合约交易增加了消费者在购买住房时的产品不确定性，并导致住房市场价格的持续离散，信息不对称程度增加。同时预售制度安排也会产生开发企业的道德风险问题。道德风险是指由于不对称信息和不完全合同使负有责任的经济行为不能承担全部损失（或利益），从事经济活动的一方在最大限度地增进自身效用的同时做出不利于另一方的行动。在签订预售合同后，代理人（开发企业)的行动将影响最终的观测结果(住房质量),而委托人(消费者)并不能直接观测到代理人(开发企业)的行动,只能观测到结果。因此,代理人(开发企业)存在欺骗委托人(消费者)的动机。由于预售合约是在住房尚未建成之时签订的,交易双方以约定的价格,在未来约定的时间对标的物(住房)进行交易。由于交易物的转交在合约签订之后才进行,作为卖方的开发企业存在降低住房质量以压缩成本的动机。住房不确定性质量程度增强,预售市场中的信息不对称程度也相应增加。

2.2 住房质量及其影响因素

由第2.1节的论述可知,住房的特殊性决定了住房质量的复杂性,而住房市场的特殊性更是加剧了住房质量的识别难度。在我国新建商品住房市场中,一方面,由于卖方的相对集中而减少了住房市场中的信息不对称程度;另一方面,预售制度安排又加剧了信息不对称的程度,使得这一市场中住房质量的识别问题具有一定的挑战性。本节将从住房质量的内涵及其影响因素,以及预售制度安排的特殊性对住房质量进行详细的分析。

2.2.1 住房质量

根据新古典住房经济学中对消费者行为、住房特征和住房市场提出的一系列假设条件(Megbolugbe et al.,1991),住房消费的对象并非市场中观察到的异质性住房单元,而是住房为居民所提供的庇护、休息、娱乐和生活空间的服务,这种服务被定义为一种同质化、连续性的商品,称为住房服务(Dipasquale et al.,1996)。由此,住房服务取代住房单元,成为新古典住房经济学框架中计量住房需求量和住房消费量的单位,一个单位的住房服务被定义为一个标准住房在一个单位时间段里所产出的服务量(郑思齐,2006)。

本文将住房质量定义为住房在其使用周期内能够产生住房服务的各种属性的集合,一个单位的住房质量定义为消费者在单位时间内从某个特定住房单元中所获得的住房服务量。由于消费者在购买住房的同时,也附带了对其他服务的选择,因此,按消费者获得的服务来源的不同来划分,住房质量应包括内在质量和外在质量。其中,住房内在质量包括了建筑结构、面积、楼层以及住宅小区基本设施特征(容积率、绿化率等),是由住房空间本身提供的服务;住房外在质量包括由于购买住房而附带的对其他服务的选择,如社区环境、公共服务水平以及社区居民构成等。住房质量是一个广义的概念，而住房和住房市场的特殊性决定了住房质量概念有别于一般商品的质量的特性。

①异质性。住房固有的异质性，决定了住房质量也相应地具有异质性，且住房质量差异表现为多维的，而非普通商品的单维。首先，住房的空间固定性决定了不同区位住房之间在一定的通达性、社区环境、公共服务水平，乃至社区居民构成、人际关系环境等软硬件条件方面的差异，并进而导致不同区位住房之间所能提供的服务水平的差异，即存在外在质量差异。其次，在相同区位上，使用相同设计方案和建筑材料生产的住房单元，也会因人工操作的随机性而存在内在质量差异。对应于住房异质性，住房质量相应包含三类特征：物理特征、邻里特征和区位特征。

②可变性。一方面，住房的生产过程历经产品设计、建筑施工和购买使用等多个阶段，历时非常长。各个阶段均会对住房质量产生一定的影响，因此住房质量也并非固定不变，而具有随时间变化而变化的特征。另一方面，消费者在购买住房的同时附带的其他服务选择，也具有随时间变化的特征。因此，住房质量并非固定不变，而是原有的质量特征会随时间的变化而改变，同时也会有新的质量特征产生。

③不确定性。由于消费者购买住房所获得的效用涉及整个住房使用周期，故构成效用的住房质量问题也同样涉及整个住房使用周期。而住房的耐久性特点，决定了住房质量随时间发生变化，因此就某一特定时点而言，消费者无法精确判断未来住房质量情况。这种未来住房性质量既可以表现为在使用过程中发生的物理磨损，也可能是因城市发展而产生的区位条件变化等。由于住房价值量较大，住房不确定性质量的大小将对消费者的购房行为带来不同程度的风险，进而影响消费者的购房行为。同时，由于住房生产过程的专业技术性和隐蔽性，有些质量特征的识别对于消费者而言还存在一定难度，即存在不可识别的住房质量。因此，本研究将住房不确定性质量定义为在某一时点，住房质量中消费者无法识别的属性的集合。相应的，住房确定性质量则是指在某一时点，住房质量中消费者可以识别的属性的集合。

2.2.2　住房质量的影响因素

住房质量的异质性和可变性，以及住房市场的特殊性，使得影响住房质量的因素也较多，本节从住房生产到使用阶段，逐一分析各阶段对住房质量的影响。

1. 产品设计阶段

在投资决策阶段，住房开发企业根据投资意向，通过详尽的市场分析和精准的项目财务测算，对是否能够在某一地块实施项目投资进行决策。当项目可行性研究的结果满足开发企业盈利要求时，开发企业将决定进行投资。在完成投资决策时，项目的具体开发地点得以确定，此时住房的初始区位属性，即区位质量 $Q(L_0)$ 得以确定。初步的区位质量具体可以包括以下几个方面：一是与城市内重要地点的距离 $Q(Distance)$，如市中心、CBD 区、主要公共交通站点等；二是周边的公共服务情况 $Q(Public)$，如学校的教育质量、医院的医疗水平、购物中心等；三是公共品的外部性①影响 $Q(External)$，如所在区域的治安情况、空气质量情况、噪声污染、周边建筑物用途以及特殊景观（如海景）等。区位质量与区位成熟度（X_{DLM}）有关，并受政府对城市整体规划以及基础设施建设等相关政策的影响，即 $Q(L_0)=\theta(Gover)=f(X_{DLM})$。

在这一阶段，开发企业将委托相应的专业设计单位，或企业内部的产品开发研究部门，对住房进行产品设计，并最终形成住房的设计质量 $Q(A)$。设计质量包括：项目整体规划设计 $Q(Project)$（项目的总占地面积、容积率、绿化率、总层数等）、单一住房单元的户型设计 $Q(Unit)$（住房面积、各类房间的数量、室内布局等），以及建筑整体的结构设计 $Q(Structure)$（结构形式与构造、建筑材料配比等）。产品设计阶段产生的住房设计质量，与设计团队的专业水平有关，而设计团队则是由开发企业自行选定，因此住房设计质量与开发企业特征（X_{DEV}）相关，即 $Q(A)=Q(P, U, S)=\theta(Arch)=f(X_{DEV})$。而开发企业向消费者传递的关于住房质量信息正是基于这一阶段而产生。

2. 建筑施工阶段

建筑施工阶段是将开发过程中所涉及的所有原材料聚集在一个空间和时间点上的过程，即开发项目建筑工程的施工过程。在这一阶段，施工单位按照产品设计阶段完成的图纸，进行住房的实际生产，并得到产品销售时的质量，即住房完成质量 $Q(C)$。此阶段仅是对设计质量的实施过程，在不存在任何误差的理想状态时，住房完成质量应与设计质量一致，$Q(C)=Q(A)$。然而，由于建筑施工的作业面较大，历时较长，设计师难以预先将所有问题考虑到。随着工程的推进，将会出现无法遵照设计图纸进行施工的问题。因此，设计团队会

① 在经济学被称为外部性（externalities），是指一个经济主体的行为对另一个经济主体的福利所产生的效果，而这种效果并没有从货币或市场交易中反映出来。

根据实际问题对原有设计进行调整。另一方面，建筑施工以人工操作为主，住房质量将在很大程度上受限于操作人员的技术水平。住房完成质量的情况将取决于建筑施工阶段一线操作人员和施工监督、管理的情况，即开发企业的努力，$Q(C)=f[Q(A),\theta(DEV)]=f(X_{DEV})$。

3. 使用阶段

住房的耐久性决定其使用时间相对较长，故对使用阶段住房质量的讨论应包括新质量特征的产生，以及原有质量特征随时间的变化。

新产生的住房质量特征包括，项目的物业服务 $Q(M)$ 以及邻近居住群体的情况 $Q(N)$。物业服务的质量主要由使用阶段所聘用的物业管理公司决定，而消费者则通过支付物业管理费来监督和调控物业服务的质量 $Q(M)=P(MFee)=f(X_{MANA})$。邻近居住群体的情况则表现为邻里的社会阶层分布以及小区居民的职业特征等，主要取决于邻居的个人和家庭特征(X_{NEB})，$Q(C)=F(X_{NEB})$。

原有质量特征随时间变化主要包括两个方面：一是由住房物理特征的磨损和修缮所带来的内在质量的变化 $Q(S)$；二是某些区位质量的变化 $Q(L')$。住房内在质量变化，与购买时的住房质量 $Q(C)$、消费者使用过程中的行为(X_{BUYER})及时间(t)有关，即 $Q(S)=f[Q(C), X_{BUYER}, t]=f[X_{DEV}, X_{BUYER}, t]$。在产品设计阶段，已经确定了住房的空间区位，并得到了初步的区位质量 $Q(L_0)$。但由于城市化程度的不断提高，以及城市内部基础设施等公共服务的不断改善，与区位相关的质量特征将随时间的变化而变化，$Q(L')=f[Q(L_0), t]=f[X_{DLM}, t]$。

由上述分析可知，住房从生产到使用过程历史时间较长，影响住房质量的因素也相对复杂，各部分的作用机制也不尽相同。综上所述，影响住房质量的因素主要包括以下六个方面：开发企业特征、区位成熟度、物业管理、邻居特征、消费者特征以及时间，即 $Q=f[X_{DEV}, X_{DLM}, X_{MANA}, X_{NEB}, X_{BUYER}, t]$。

2.2.3 预售商品住房的特殊性

由第 2.1.2 节可知，我国当前的新建商品住房市场中多采用商品房预售制度，即在住房竣工以前签订住房买卖合同。住房交易发生的时点处于建筑施工阶段，此时住房尚未完工。为进一步阐释预售商品住房质量的特殊性，本节将按照在签订住房交易合同之时住房质量是否确定，对质量进行分解。

从住房产生过程看，签订预售合同的时间点处于住房的建设施工阶段，因此，在规划设计阶段产生的住房质量，可视为确定性的($Q_{certain}$)，而住房使用阶段所产生的质量则为不确定性的($Q_{uncertain}$)。预售制度安排下，住房质量随时间的变化情况如图 2-3 所示，图中以实线表示住房确定性质量，以虚线表示住房不确定性质量。

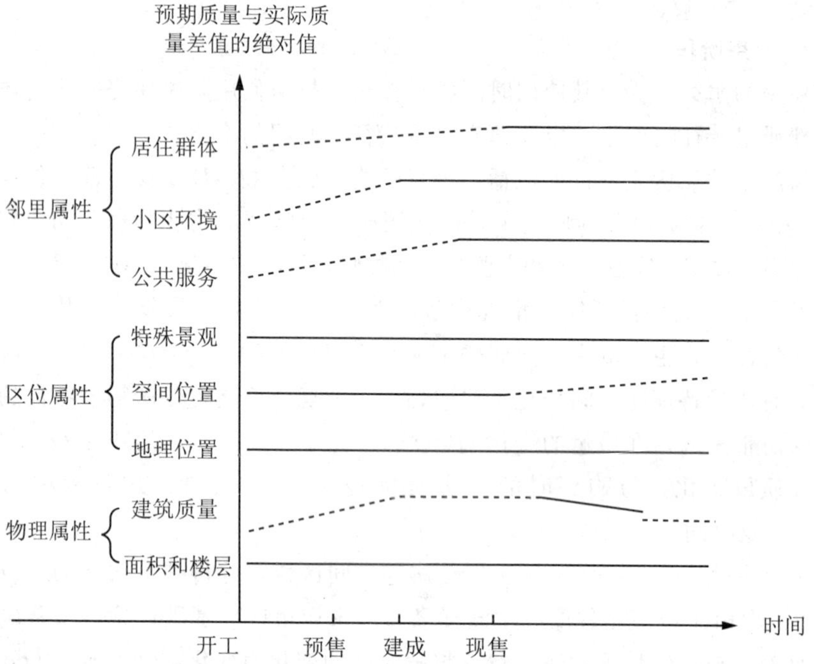

图 2-3　住房质量随时间变化因素示意图

在建筑施工阶段，在住房预售合同签订时点已完工部分的质量，可以视为确定的，未完工的部分则为不确定的。理论上来说，因未完工而产生的不确定性质量应从预售合同签约的时间开始，即随着签约时间与竣工时间距离的缩短，这种不确定性的比例将逐步减弱。然而，由于住房的生产复杂性、隐蔽性，以及住房的质量情况信息不能随施工进程而即时传递给消费者，因未完工而产生的不确定性质量发生的时间将提前至建筑施工阶段的起始点，即整个建筑施工阶段产生的住房质量均为不确定。

签订住房交易合同的时候住房尚未完成，而此后住房质量将由开发企业控制，而住房建成之前消费者无法了解住房施工的情况。在利益最大化的前提下，住房交易存在合约不完善性，以及住房质量识别的专业性和隐藏性，使得开发企业存在降低住房质量，减少成本支出以提高利润的动机。这是典型的道德风险问题。在道德风险问题中，委托人(消费者)签订合同时知道代理人(开发企业)的类型，但签订合同后不能观察到代理人的行动，因此无法确定住房产品的最终情况是否会与签订合同之时一致。这部分的不确定性质量包括：建筑结构本身质量、建筑材料的使用、项目的总体指标(绿化率、设施建设)、交付日期等。

道德风险的产生原因主要来自于交易合同的契约。以 Williamson 和 Hart 为代表的经济学家认为，某种程度的有限理性或者交易费用，使得现实中的契约是不完全的(Incomplete)。契约不完全的原因概括为三类成本(Tirolr，1999)：一是预见成本，即当事人由于某种程度的有限理性，不可能预见到所有的或然状态；二是缔约成本，即使当事人可以预见到或然状态，以一种双方没有争议的语言写入契约也很困难或者成本太高；三是证实成本，即关于契约的重要信息对双方是可观察的，但对第三方(如法庭)是不可证实的。

根据第 2.2.1 节，从消费者对住房质量的识别方面对住房确定性质量和不确定性质量的定义，在商品住房预售制度安排下，住房确定性质量包括：住房的基本物理特征[建筑类型、宗地大小、建筑面积、房间(卧室、浴室)数量、地下室、阁楼、庭院]、基本的地理位置(与 CBD 或就业中心距离，轨道交通、高速公路、公共汽车站等公共交通服务)以及特殊景观等，其主要影响因素为开发企业特征和区位成熟度，即 $Q_{certain}=f[X_{DEV}, X_{DLM}]$。住房不确定性质量包括住房未完工部分的质量情况(空调系统、暖气系统、装修、建筑材料等)、未来邻居的群体特征(社会阶层分布、职业特征等)、建成后的小区内部环境(容积率、绿化率、交房时间)，以及周边公共服务的情况，生活便利性等空间位置情况，其影响因素包括开发企业特征、区位成熟度、物业管理、邻居特征、消费者特征以及时间等，即 $Q_{uncertain}=f[X_{DEV}, X_{DLM}, X_{MANA}, X_{NEB}, X_{BUYER}, t]$。

2.3　住房质量度量

2.3.1　住房质量的度量思路

根据第 2.2.1 节对住房质量和一个单位住房质量的定义可知，一个单位的住房质量就是该住房单元在单位时间内产出的住房服务量。因此，对住房质量的度量也可以通过对住房服务的量测来实现，即比较衡量不同住房产品在相同单位时间段所获得的住房服务量的不同，可以得到住房质量的差异，进而实现对住房质量的度量。

在市场中无法直接观察到住房服务价格，观察到的仅为住房消费支出(Housing Consumption Expenditure)。由于住房服务的单价被定义为一个标准住房在一个单位时间段内的租金①。而某一住房单元的住房服务量则被定义为该住房单元的租金(对于自有住房而言为其应计租金)除以标准住房租金(即住房服务单价)的结果。因此，住房消费支出与住房服务价格存在一定的关系，即：

$$\begin{aligned}\text{住房消费支出} &= \text{住房服务价格} \times \text{住房服务量} \\ &= \text{住房服务价格} \times \text{住房质量}\end{aligned} \tag{2-1}$$

由于同一个时间点上，在同一个住房市场中，存在且仅存在唯一的住房服务价格值(Dipasquale et al.，1996)，因而不同住房单元的价格(租金)差异，完全源于各住房单元质量(提供的服务量)的不同。

通常通过 Hedonic 模型或价格指数得到住房服务价格和住房服务量。

2.3.2 特征价格模型与住房质量度量

Hedonic 是从希腊语 Hedonikos 转化而来，本义为“享乐的”，在经济学上是指商品或服务给消费者带来的满意度。特征价格理论认为，消费者对商品的需求并不是基于商品本身，而是因为商品所具有的属性。消费者把购买产品及其使用作为一种“投入”，并将这种“投入”转化为效用，效用水平的高低依赖于商品所包含的各种特征的数量(Lancaster，1966)。

特征价格模型认为，异质性商品由各种同质的特征或属性聚合而成，换言之，异质性商品可以视为由一束“特征(属性)束(Bundle of Characteristics/Attributes)”组成。相应的，消费者对异质性商品的需求并不在于商品本身，而在于商品所内含的各种特征。消费者购买这些特征并将其转化为所需的效用，而商品所能给消费者带来的效用高低则取决于商品中所包含的特征及其数量。因此，特征价格模型认为各种特征在其各自的隐含市场(Implicit Market)上各有自己的隐含价格(Implicit Price，又被称为特征价格、影子价格等)，这些隐含价格的聚集构成了异质性商品的价格。市场的隐含性，指的是在商品的生产、交换和消费过程中，总的价格和交易是可通过产品市场观察的，同时每个

---

① 为了与习惯用法相适应，本文中如未特别说明，则涉及的“住房价格”和“住房租金”仍指住房单元(或住房单位面积)的交易价格或租金。住房服务的单价将统一称为“住房服务价格”。

产品特征还对应一个不可直接观察的隐含市场，产品市场一般可以理解为由多个隐含市场构成。

住房特征价格函数是针对住房产品特征而言，指的是住房价格与住房特征数量之间的函数关系。而隐含住房价格函数是针对住房特征而言的，指的是在住房产品中某一特征的隐含价格(即边际价格)与住房所包含的该特征数量之间的关系。如图 2-4 所示，每套住房的价格一般随着某种特征数量的增加而递增，由于边际效用递减，其价格曲线上升趋势渐缓，并伴随着该种特征隐含价格的递减。

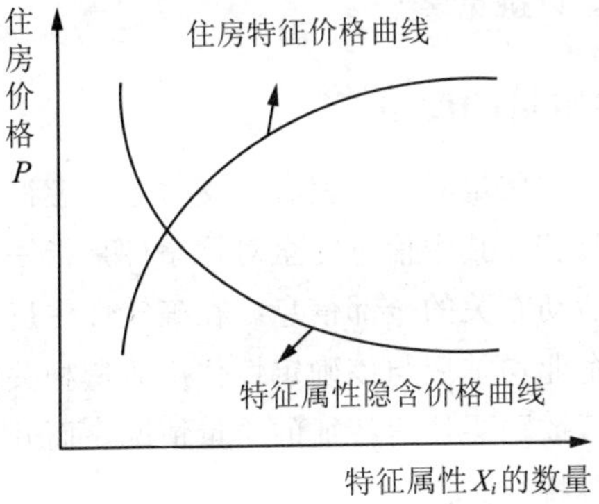

图 2-4　住房特征价格与特征隐含价格曲线图(McMillen，1996)

Hedonic 价格方程遵循的是消费者决策理论，该理论认为消费者愿意为一件商品支付的价格取决于他能从该商品的各种属性中获得何种程度的效用。具体到住房市场中，住房由众多不同的特征组成，而住房价格是由这些特征带给人们的效用所决定。于是，住房价格可以被表示为各个特征的数量与特征价格乘积的总和，即特征价格方程，如式(2-2)所示。其中 c 为常数项①，$X_1 \cdots X_n$ 分别为 n 个住房质量的属性，$\beta_1 \cdots \beta_n$ 分别为 n 个属性对应的特征价格，ε 为随机误差项。这些特征主要包括房屋的物理特征、邻里环境和区位状况，例如楼层、结构形式、与距离中心城区距离以及交通便利程度等。

$$P = c + \sum_{n=1}^{N} \beta_n X_n + \varepsilon \tag{2-2}$$

需要强调的是，特征价格模型中隐含着如下几个假设，它们构成了特征价

① 特征价格模型中，常数项表示该异质性商品的基本功能所对应的价格。例如对于住房而言，这种基本功能就是居住。

格模型得以准确使用的前提条件(Sheppard，1999)。

①均衡市场假设：即市场处于均衡状态下，交易价格能够合理地反映或逼近物业的真实价值。

②特征束密集假设：即消费者需要的任何“特征束”都可以在市场中获得，消费者最终做出的选择仅受交易总价格和其收入的限制。

③同一市场假设：即参与构建特征价格模型的样本应处于同一市场中(包括各个属性的隐含市场)，样本之间具有可替代性。

在应用特征价格模型(包括应用特征价格法编制房地产价格指数)时，应注意尽量满足上述假设，以避免误差。

2.3.3 确定性质量的度量

当住房仅包括确定性质量时，消费者的支付意愿遵循市场信息完全对称条件下的“效用最大化理论”。其中信息完全对称条件是指一切从事经济活动的人都掌握了与其所从事活动有关的全部信息。在确定性住房质量交易中该假设意味着，消费者和开发企业均掌握与该确定性住房质量相关的所有信息。具体而言，消费者清楚地了解欲购买住房特征的质量情况，而开发企业也知道消费者需要购买何种住房质量特征。

效用的概念是由贝努利(D. Berneulli)首先提出，是指金钱、物品、劳务等给人提供的满意程度。它被经济学家广泛用来衡量人们对某些事物的主观价值判断、态度、偏好、倾向等。通过效用指标可以将某些难以量化的差别事物加以量化。而“效用最大化理论”是指：在一定的预算约束下，为了实现最大的效用，消费者应该选择最优的商品组合，使得商品的边际替代率等于商品的价格之比。也就是，在消费者的均衡点上，消费者愿意用一单位的某种商品去交换的另一种商品数量，应该等于该消费者能够在市场上用一单位的这种商品去交换得到另一种商品的数量(高鸿业，2004)。

假定消费者收入为 I，消费一个包含 n 个确定性质量特征的住房，另外加上一个复合商品 Y(即其他全部商品的组合，价格为 1)。在住房市场均衡的前提下，住房的特征价格函数为 $P(X)=P(X_1, X_2, \cdots, X_n)$，其中确定性质量特征的隐含价格为 $P_i=\partial P(X)/\partial X_i$，并且这些价格不受个别消费者的影响。

此时，消费者偏好的效用函数表示为 $U=U(X, Y)$。消费者愿意为一套住房支付的费用是其所包含特征的函数，消费者对住房的出价函数 $\beta(X, I, \mu)$隐含在效用函数 $U=U(X, I-\beta)$中：

住房出价函数的偏导数 $\partial\beta/\partial X_i$ 表示在效用水平不变时，当第 i 个住房特征 Z_i 增加时，家庭愿意在住房上改变的费用，这种支出变化将通过增加或减少复合产品 Y 的消费来实现，既有 $\partial\beta/\partial X_i=\mu_i/\mu_Y$。

考虑消费者选择的最优化，即效用最大化，则有：

$$\begin{cases}\max U(X, Y)\\ I\geqslant P(X)+Y\end{cases} \tag{2-3}$$

构建拉格朗日函数，容易得到：

$$\mu_i/\mu_Y=P_i\text{，此时 }\mu_i=\partial\mu/\partial Z_i\text{，}P_i=\partial P/\partial Z_i \tag{2-4}$$

对单个消费者而言，最优选择时有 $\partial\beta/\partial X_i=\mu_i/\mu_Y$，所以 $\partial\beta/\partial X_i=P_i$，即每个特征对应的出价函数的斜率和特征的隐含价格相等时，消费者对住房特征的选择得到最优结果，此时消费者出价曲线和特征价格曲线相切。

当住房开发企业采用利润最大化原则，可以得到类似的结果，即在市场均衡状态下，开发企业的要价函数(关于住房特征、利润的函数)和特征价格函数相切时，开发商将得到最优结果。

综上所述，理论上在市场均衡状态下，如果消费者和开发商均采用理性行为，为了达到效用最大化和利润最大化，则对于每一宗交易而言，都应有消费者报价曲线、生产者要价曲线和特征价格函数相切于一点，如图 2-5 所示。在现实中，交易达成即是对上述理论的实现过程。因此，可以通过收集住房交易时住房价格、特征数量的数据，采用回归技术进行建模，得到住房的特征价格函数，从而也能得出确定性质量特征的隐含价格。

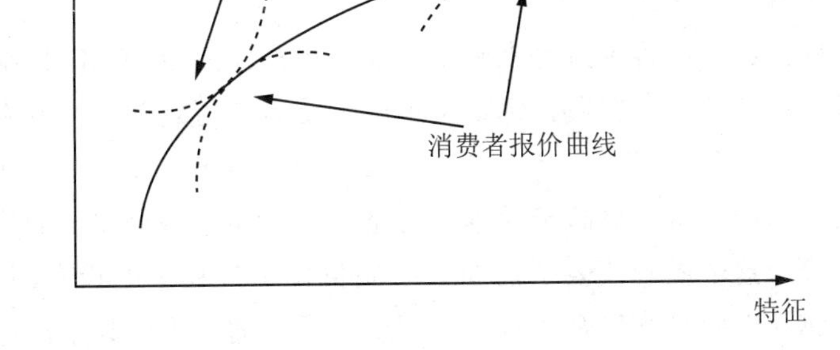

图 2-5　Rosen 提出的基于商品特征的市场供需均衡模型

2.3.4 不确定性质量的度量

在第 2.3.3 节的分析中，实际上暗含了完全信息的假设，即：从事住房交易的双方都掌握了与住房交易活动相关的所有变量的全部信息。因此，他们对自己经济行为后果的了解是确切无误的，不存在不确定性。然而，由第 2.1.2 节的分析可知，从事住房交易的双方并未掌握与该经济行为相关的所有信息，消费者对住房质量的了解存在不确定性，即存在信息不对称。因此，第 2.3.3 节确定条件下的消费者行为理论，将不适用于研究不确定性质量的度量问题。

在经济学上，不确定性是指经济行为者在事先不能准确地知道自己的某种决策的结果，或者说，只要经济行为者的一种决策的可能结果不止一种，就会产生不确定性。在消费者知道自己某种行为决策的各种可能结果时，如果还知道各种可能的结果发生的概率，则可以称这种不确定的情况为风险(高鸿业，2004)。

本节将分别从开发企业和消费者两个角度分析不确定性质量的度量过程。

1. 开发企业要价

由于买卖双方存在质量信息的不对称，开发企业为了避免因质量信息不对称导致的逆向选择问题，存在向消费者主动传递表征自身产品质量信息的动机。为后续研究的方便，本文将这种由开发企业发起的，用以表征其产品质量情况的信息称为质量标识。

当存在不确定性质量时，消费者通常会根据该企业过去产品质量的情况来推测当前产品的质量情况。也就是说，企业产品质量的历史情况将被作为衡量当前或未来产品质量的指标(Shapiro，1982)。在这种情况下，企业生产高质量产品的决定将是一个动态过程：当前生产高质量产品的利润将通过建立质量标识而在未来盈利。

从质量标识建立的投资过程来看，企业历史产品质量(服务)情况表征当前产品的质量不确定情况。在质量标识未得到消费者认可之前，开发企业不能将住房价格与高质量联系起来，必须以低于成本的价格出售住房。当达到长期均衡状态，高质量产品将以更高于成本的价格售出，而这部分超出的价格就是质量标识的溢价。这个溢价代表了前期建立质量标识过程中的投资回报。因此，在质量标识建立以后，开发企业对住房不确定质量的要价函数中，包括两个部分，一是完成不确定性质量的成本；二是前期建立质量标识的投资回报(Quality Premium，QP)。

从信息具有价值的角度来看，信息是消费者在不确定条件下进行决策的基础。由处理信息的贝叶斯方法可知，获取信息可以改变选择结果的概率分布，从而减少主观不确定性(武康平，2001)。这就是说，消费者存在为获取更多表征住房不确定性质量信息而努力的动机。因为获得的信息越多，越能做出更好的预测，从而减少风险。而开发企业主动提供的表征其住房质量情况的质量标识正是这样一种信息。从这个意义上说，质量标识是一种能够提供有价值信息的商品，消费者应当为使用这种商品而支付费用，质量标识的价值也就来自于信息所减少的风险。

2. 消费者报价

(1)预期效用

同确定条件下消费者行为追求的目标是为了获取最大效用一样，在不确定条件下消费者行为追求的目标也是为了得到最大效用。但由于不确定性的存在，使得消费者并不知道哪种结果事实上会发生，因此，他们只是在事前做出最优的决策，以使他们的预期效用(Expected Utility，或期望效用)最大化。也就是说，在不确定的环境中或是具有风险的情况下，消费者是根据预期效用来进行决策的。

预期效用理论(Expected Utility Theory)是由数学家冯·诺依曼(John Von Neumann)和经济学家奥斯卡·摩根斯特恩(Oscar Morgenstern)在1944年提出的(VonNeuman et al.，1947)。该理论认为：面对一项风险决策时，每项备选方案都被赋予决策者的主观价格，即主观效用。这意味着当决策者权衡备选方案的收益和损失之后，将采用其主观效用最大的方案。决策者是以线性组合的方式对主观概率和主观效用进行整合并选择主观期望效用值最大的行动方案。

在一个风险选择集合$D(S)$中，以f和g表示各种风险选择的结果，即$f, g\in D(S)$，以p表示发生的概率，且$p\in[0, 1]$，则预期效用函数为：

$$E[U(f, g)]=U[pf+(1-p)g]=pU(f)+(1-p)U(g) \tag{2-5}$$

该函数也被称为冯·诺依曼—摩根斯特恩效用函数，简称VNM效用函数。该函数表明，消费者的期望效用就是消费者在不确定条件下可能得到的各种结果的效用的加权平均数。VNM效用函数奠定了不确定情况下分析消费者行为的基础。

假设住房不确定性质量仅具有两种可能的结果，且这两种情况不会同时发生。两种结果发生的概率分别为p和$1-p$，对消费者产生的效用分别为W_1和W_2，则此时消费者的预期效用函数为：

$$E[U(W_1, W_2)] = pU(W_1) + (1-p)U(W_2) \tag{2-6}$$

预期效用理论认为，假如决策者选择风险备选方案的过程符合效用公理，那么他一定是选择预期效用值最大的那项备选方案。因此预期效用是备选方案发生的概率 p 与该备选方案效用 U 的函数。

(2)消费者风险态度

对同一个具有不确定结果的事件，不同的消费者对待风险的态度是不相同的，因此各自的行为选择也是不一样的。西方经济学家将消费者对待风险的态度分为三类：风险爱好者、风险规避者和风险中立者，其效用函数的形态也不相同，如图 2-6 所示(武康平，2001)。

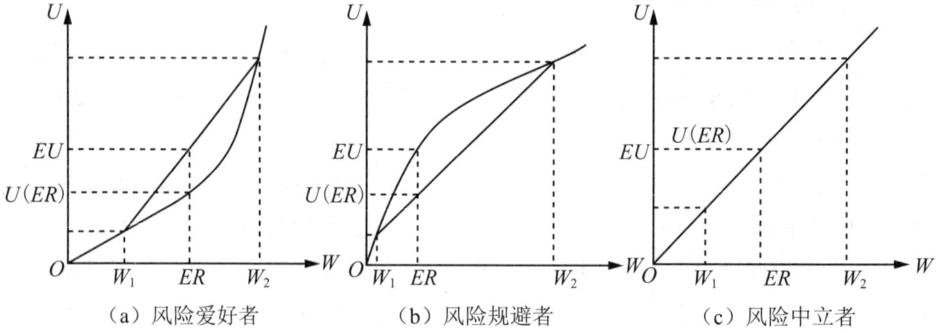

图 2-6 对待分析的态度与效用函数

图 2-6(a)中风险爱好者的效用函数 U 是凸函数，即对任何两种收入 W_1 和 W_2，及任何实数 $p \in [0, 1]$，都有 $U[pW_1 + (1-p)W_2] < pU(W_1) + (1-p)U(W_2)$。

图 2-6(b)中风险规避者的效用函数 U 是凹函数，即对任何两种收入 W_1 和 W_2，及任何实数 $p \in [0, 1]$，都有 $U[pW_1 + (1-p)W_2] > pU(W_1) + (1-p)U(W_2)$。

图 2-6(c)中风险中立者的效用函数 U 是直线，即对任何两种收入 W_1 和 W_2，及任何实数 $p \in [0, 1]$，都有 $U[pW_1 + (1-p)W_2] = pU(W_1) + (1-p)U(W_2)$。

在现实生活中，消费者总面临着风险条件下的选择。经验表明，在一般情况下，多数消费者都属于风险规避者，即不会在不肯定风险收入等于肯定的无风险收入的情况下选择承担风险。因此，边际效用递减规律对于风险规避者是适用的。

(3)消费者风险溢价

决策者对待风险的态度，反映在他对风险行动 ζ 和确定性行动 $E[\zeta]$ 的评价上。通常在面对风险行为时，决策者为了防范风险，会把风险行为同某种效用相同的无风险行为进行比较，得出对风险大小的判断。这个用来同风险行为作比较的无风险行为，称为风险行为的确定性等价(Certainty Equivalent)，记 $c[\zeta]$。

对于风险规避者(即 $E[\zeta]>\zeta$)，他的预期效用函数(局部)严格凹，因而他的确定性偏好(局部)严格凸。当决策者面对风险行为 ζ 时，如果采取 ζ，则他预期可得到向量 $E[\zeta]$，其预期价值为 $pE[\zeta]$；如果不采取 ζ，而采取 ζ 的确定等价 $c[\zeta]$，则他毫不含糊地可得到商品向量 $c[\zeta]$，并保持了效用水平不变。两种选择出现了价值差 $RP(\zeta)=pE[\zeta]-pc[\zeta]$。这个价值差被称为风险行为 $c[\zeta]$ 的风险金或风险溢价 RP。

决策者希望把不确定的选择变成为确定性的选择，当然这种变化要求保持效用不变。于是，风险溢价表示了从不确定性选择变成为效用同等的确定性选择时，决策者愿意支付的价值。

假设消费者是风险规避型，消费者欲购买价值 P 的住房。由第 2.1.3 节的分析可知，在住房交易中存在着不确定性质量问题，即消费者面临着某种潜在的损失，这一风险被表示为随机变量 ζ，满足 $0<\zeta<P$，其概率分布记为 $F(\zeta)$。由于风险金的存在，使得消费者可以通过支付一定的价格，从而使不确定性选择变成为效用同等的确定性选择。那么消费者应该支付多少费用呢？

当支付 RP 的时候，无论损失是否发生，住房所有人均将损失已支付的风险金，此时消费者所拥有的财富为 $P-RP$，设它相对于住房拥有人的效用为 $U(P-RP)$。当不支付 RP 的时候，则住房所有人拥有的财富为随机变量 $P-\zeta$，设这个随机变量的“效用”为 $u(P-\zeta)$。作为风险规避者，消费者总是认为，在风险确定条件下，风险期望值的效用大于风险的期望效用。因此，对于住房消费者来说，支付的风险金应满足：

$$U(P-RP)\geqslant u(P-\zeta) \tag{2-7}$$

RP 越大，$P-RP$ 越小，支付风险金的效用 $U(P-RP)$ 也就越小，当 RP 高到使等号成立时，是否支付风险金都无所谓了，购买住房的消费者愿意支付的最高值 RP^* 为使上式等号成立的解，即风险金的最高价格(临界值)应当为“支付风险金的效用”等于“不支付风险金的效用”时所对应的解。

2.3.5 扩展的特征价格模型

在信息充分的住房市场中，买卖双方都充分了解所有住房的质量和价格。Rosen(1974)指出，在这种情况下，式(2-2)的住房特征价格模型可以写作如下的形式：

$$P_i = c + \beta^{\mathrm{T}} X_i + \mu_i \tag{2-8}$$

其中，X_i 是住房所包含的 i 个确定性住房质量特征向量，μ_i 是残差，β 是住房特征的价格向量，T 为转置符号。由于买方的出价与卖方的要价相等，所以 Hedonic 模型中只需引入住房特征。

在存在住房质量不确定的情况下，开发企业的要价函数既包括了住房确定性质量特征的函数，以及前期建立质量标识的投资回报，如式(2-9)所示：

$$P_i^S = \beta^{\mathrm{T}} X_i + QP + \delta_i \tag{2-9}$$

而买方的出价函数则包括买方的住房需求(对住房特征的估价)和为不确定性质量而支付的风险溢价，如式(2-10)所示：

$$P_i^D = \beta^{\mathrm{T}} X_i + RP + \varepsilon_i \tag{2-10}$$

最后的成交价格受供求力量对比的影响。

因此与 Rosen 所提出的经典 Hedonic 模型不同，在存在不确定性质量的市场中，需将表征不确定性质量的特征引入 Hedonic 模型，如式(2-11)所示：

$$P_i = \beta^{\mathrm{T}} X_i + X_{uncertain} + \mu_i \tag{2-11}$$

2.4 本章小结

本章的主要内容总结如下：

①从理论上分析了住房确定性质量和不确定性质量的来源和内涵，并探讨了预售制度导致不确定性质量比重增加的原理。住房消费的对象并非市场中观察到的异质性的住房单元，而是住房为居民所提供的庇护、休息、娱乐和生活空间的服务，这决定了住房质量实质上是指在其使用周期内能够产生住房服务的各种属性的集合。签订住房预售交易合同时，住房质量由确定性和不确定性质量共同构成。其中住房确定性质量指消费者在签订住房合同时可以识别的质量，包括的属性有物理属性、邻里属性以及当前的区位属性，并受开发企业特征和区位成熟度的影响。住房不确定性质量则指消费者不能识别的质量，包括住房未完工部分的质量情况、未来邻居的群体特征、建成后的小区内部环境以

及未来的区位特征，受开发企业特征、区位成熟度、物业管理、邻居特征、消费者特征以及时间等因素的影响。

②将不确定性质量引入特征价格模型，形成对其进行识别和度量的理论方法。在对住房质量进行了界定之后，应用新古典住房经济学中“住房消费支出是住房消费量与住房服务单价的乘积”的思想，建立了住房质量与住房价格的抽象关系，住房价格等于住房消费量与住房质量的乘积。由于住房质量由确定性质量和不确定性质量共同构成，因此，住房消费支出中也应包括对住房不确定性质量的支付意愿。在特征价格模型中，通过引入表征住房不确定性质量的变量，能够实现对住房不确定性质量的支付意愿的分析。

③开发企业声誉能够作为一种显性标识，表征住房不确定性质量的水平。普通商品市场中，为避免因质量信息不对称而产生的“逆向选择”问题，产品的生产者存在主动发布其产品质量信息的动机。在质量标识未得到消费者认可之前，生产者不能将产品价格与高质量联系起来，必须以低于成本的价格出售商品。长期均衡市场中，这一质量标识表示为企业历史产品的平均质量情况，具有一定的稳定性。消费者根据生产者的这一稳定行为对不确定性质量做出预期判断，从而进行消费决策。质量标识具有价值。研究提出，在住房市场中，上述不确定性质量的运行机制依然成立，且开发企业声誉能够成为有效的质量标识，并在住房消费中表现为声誉溢价。其本质是，消费者为了降低未来住房不确定性质量而支付的风险金。对于开发企业而言，声誉溢价是其建立质量标识的投资回报。

第3章 住房确定性质量和不确定性质量

本章以新建商品住房市场中预售合同签约时间为研究时点，从微观层面对住房质量进行分解，重点验证住房不确定性质量是否存在，并分析其特征规律。

3.1 研究思路与方法

3.1.1 研究思路

新古典主义住房经济学理论认为，住房消费的对象并非市场中观察到的异质性住房单元，而是构成住房商品的各种特征的组合。消费者愿意为住房商品支付的价格取决于从各种特征组合中获得的效用程度。作为住房质量的组成部分，不确定性质量也可以视为构成住房商品的一种特征，因此消费者为住房消费所支付的价格中既包括了对确定性特征的支付意愿，也包括了对不确定性质量的支付意愿。基于这一思路，本章通过对住房质量构成的分析，采用微观交易数据，估计消费者对各特征属性的支付意愿。本章的研究结构如图 3-1 所示。

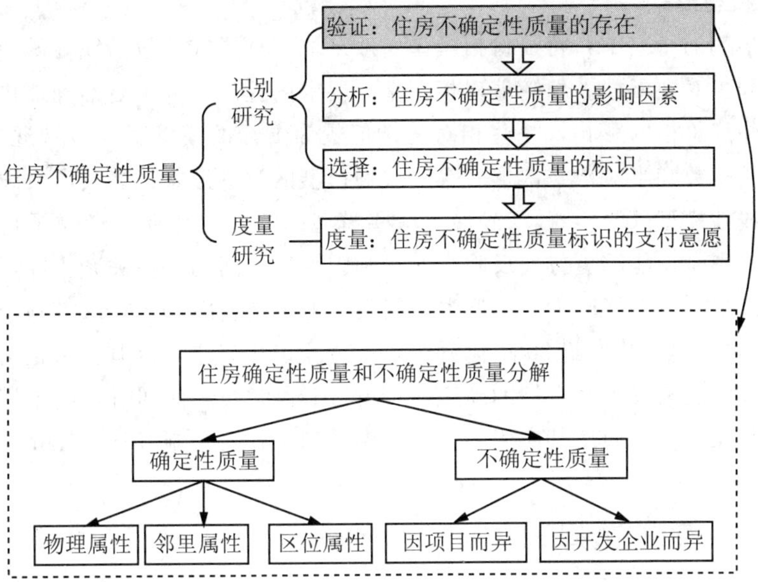

图 3-1 住房质量分解的研究结构图

3.1.2 研究方法

1. 理论分析

由第 2.3 节的分析可知，不确定性条件下的特征价格模型由两部分组成，一是对住房确定性质量特征的效用函数；二是对不确定性质量的预期效用函数，如式(3-1)所示：

$$P_i = c + \alpha^{\mathrm{T}} X_i + \beta^{\mathrm{T}} X_{uncertain} + \varepsilon_i \tag{3-1}$$

其中 c 为常数项，X_i 是住房 i 所包含的住房确定性质量特征向量，$X_{uncertain}$ 是住房不确定性质量部分，ε_i 是残差，α 和 β 是住房质量特征的价格向量，T 为转置符号。对于消费者而言，β 代表了为降低住房不确定性质量而支付的风险溢价。

2. 估计方法

传统上对特征价格模型的估计均采用普通最小二乘法。近年来学术界提出了一些新的估计方法，如半参数估计(Anglin et al.，1996)、非参数估计(Mason et al.，1996)以及空间自回归估计(Basu et al.，1998)等。有研究证明，这些估计方法的改进将有助于提升模型的准确程度(Triplett J. E.，2002)。

3. 模型形式

在早期的研究中，特征价格模型一般采取三种形式，包括线性函数、双对数函数和半对数函数。但随着对模型精度要求的提高，为了更准确地描述特征因素对住房价格的影响，一些相对复杂但较为灵活的模型形式也被逐渐引入，包括超越对数和半对数二次形式等对线性模型的改进形式，以及广义线性等形式的非线性模型(Diewert，2001)。这些模型的共同之处在于考虑了自变量之间的交互影响，能够更好地反映自变量和因变量之间的潜在关系。随后，Box-Cox 变换被应用于特征价格模型中，其主要思想是利用 Box-Cox 变换求取模型的合理形式。自 20 世纪 80 年代 Box-Cox 变换诞生以来，因其具有最为灵活的模型形式而逐渐成为学者们的新宠(Sheppard，1999)。但同时，由于模型中不能包括哑元变量，而使其应用的广泛程度受到了较大限制(Linneman，1980)。

3.2 变量选择

3.2.1 因变量选择

住房价格是指一个人(或机构)从另外一个人(或机构)手中获取住房所必须付出的代价，通常用货币来表示(刘洪玉 等，2006)。住房价格的定义虽然简单，但由于住房商品生产周期较长，价格形成机制和表现形式多样化，构成种类繁多。首先，从住房价格形成机制上可以分为交易价格(又分销售价格和租赁价格)、评估价格、抵押价格；其次，按价格产生时点的不同可分为供应价格(含起价和标价)、认购价格、签约价格、备案或登记价格；再次，按房屋特征的不同可分为预售价格和现房价格；最后，从表现形式上又可分为平均价格、中位数价格、同质价格和理论价格。当然，还可以有总价和单价、名义价格和实际价格的区别等等。

本书以住房不确定性质量对住房价格的影响为研究目的，模型因变量——住房价格的选取应满足以下两个要求：首先，该价格能够及时反映市场价格的变化情况，即“及时性”要求；其次，价格应当相对稳定，能够反映真实的市场价格，即“准确性”要求。鉴于以上两点要求，结合前文对住房价格种类的分析，本书选取买卖双方签订住房交易合同时达成的住房交易价格为因变量。住房交易价格(*U_PRICE*，以下简称住房单价)指按建筑面积计价的单位面积价格。一方面，根据我国新建商品住房交易管理条例，住房交易发生后一定期限内，购房者须持交易合同到城市房地产主管部门进行备案登记，因此住房交易价格能够及时地反映住房市场价格的变化情况，即满足“及时性”要求；另一方面，我国新建商品住房市场处于蓬勃发展的过程中，庞大的交易量足以能够反映市场的真实价格，同时住房交易价格来自新建商品住房交易合同，该合同意味着交易双方买卖关系的正式确立，故“准确性”较好。

3.2.2　自变量选择

结合第 2.1 节住房质量构成分析，以及以往研究中变量的选取经验，本章将按住房质量特征构成的不同，选取如下自变量。

1. 物理特征变量(X_{stru})

反映住房单元物理特征的变量，包括以下三个变量：

单元建筑面积(*U_AREA*)：反映交易样本的规模，属于连续变量。依据边际效应递减原理，在其他条件相同的前提下，单元建筑面积对物业价值的影响呈反向作用，即随单元面积的增加，单元规模增加，住房单价下降。

单元所在楼层(*U_FLOOR*)：反映交易样本所处楼层，属于连续变量。在其他条件相同的前提下，单元所在楼层对物业价值的影响呈正向作用，即住房价格随楼层的升高而增加(除最高层外)。

地上总层数(*P_FLOOR*)：反映交易样本所在项目密度，属于连续变量。在其他条件相同的前提下，地上总层数对物业价值的影响呈反向作用，即地上总层数越高，项目密度越大，住房价格越低。

上述三个变量反映了住房单元两个层面的物理特征：一是住房单元本身的情况(单元建筑面积和单元所在楼层)；二是所在建筑物的整体情况(地上总楼层)。

2. 邻里特征变量(X_{comm})

项目总建筑面积(*TP_AREA*)：反映交易样本所在项目规模，属于连续变量。一般而言，在其他条件相同的前提下，项目规模达到一定程度后物业管理、配套设施等方面有所提高，对物业价值有正向影响，但过大的项目规模反而可能对物业价值有负面影响。

3. 区位特征变量($X_{location}$)

在任何城市经济学理论中都强调区位在决定城市土地价值(进而影响地上的住房价值)过程中的重要意义，甚至认为“住房市场本质上是与空间相关的”(Sheppard，1999)。因此区位特征的度量，在应用特征价格模型进行分析研究时有着至关重要的作用。

由于我国社会发展形态有异于西方国家的情况，因此在描述住房区位特征的时候，并不能直接应用国外相关研究中大量采用的统计区、邮政编码区等人为划定区域以及地价级别等方法(中国指数研究院，2005)。首先，我国现有的人为区域划定方法中，行政区范围过大，居委会、邮政编码区等也因为长期保持不变，难以与高速城市化进程下的城市发展相匹配，对区位价值的度量存在一定的滞后性。其次，我国大多数城市现行的基准地价体系也因沿用多年而存在一定的滞后问题，难以准确反映当前区位特征的真实情况。另外，国内学者也曾采用“与中心区距离”或与特定地点距离(如杭州采用与西湖距离)的度量方式(温海珍，2005)，但这种方法存在较大的模糊性，且忽略了不同方位间的各向异性。综合考虑上述情况，本研究尝试引入“片区”概念来反映住房的区位特征。“片区”源于房地产估价理论中的“同一供需圈”概念，是指一定范围内，由房屋价格、房屋用途、建筑结构、规划条件和公共服务设施等方面基本类似的房地产项目组成的区域。同一片区内的住房单元可以认为在区位特征上近似同质，且相互之间具有可替代关系，能够满足 Hedonic 模型的基本假设条件。因此“片区”概念的引入，可以有效地表征交易样本的区位特征。

由于成都属于明显的单中心城市，本书采用“方位＋环线”的复合方式，将市区范围划分为 17 个片区，并相应的用 17 个哑元变量进行标识，具体的划分及命名方法如图 3-2 所示。片区哑元($BLOCK\_i$)反映交易样本“因片区而异”的区位特征，属于哑元变量。对于片区变量的取值，以 $BLOCK\_N$ 为例，当交易样本的登记地址属于市中心范围，即府南河以内，则取 $BLOCK\_N$ 为 1，否则为 0。单中心的城市空间特征决定了住房价格应随环线的增长而降低。

片区名称	片区哑元
市中心	*BLOCK_N*
内至一环东	*BLOCK_ND*
内至一环西	*BLOCK_NX*
内至一环南	*BLOCK_NN*
内至一环北	*BLOCK_NB*
一至二环东	*BLOCK_YD*
一至二环西	*BLOCK_YX*
一至二环南	*BLOCK_YN*
一至二环北	*BLOCK_YB*

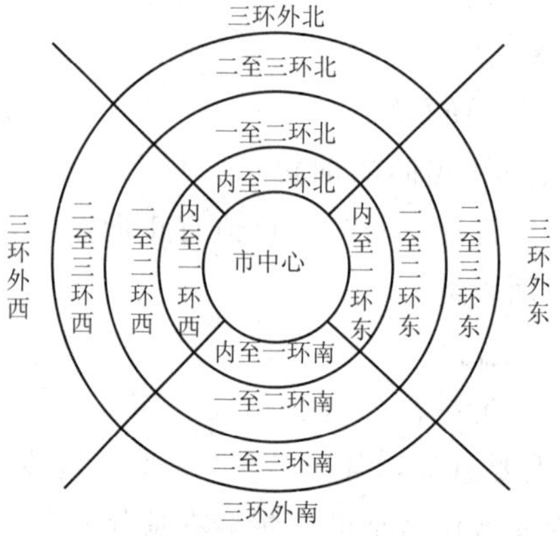

片区名称	片区哑元
二至三环东	*BLOCK_ND*
二至三环西	*BLOCK_NX*
二至三环南	*BLOCK_NN*
二至三环北	*BLOCK_NB*
三环外东	*BLOCK_SD*
三环外西	*BLOCK_SX*
三环外南	*BLOCK_SN*
三环外北	*BLOCK_SB*

图 3-2　成都市“片区”划分示意图

另一方面，为了详细考察城市空间布局，除了引入片区哑元以外，还按方位引入了四个方位哑元来反映交易样本“因方位而异”的区位特征：城东（*EAST*）、城西（*WEST*）、城南（*SOUTH*）、城北（*NORTH*）。对于方位哑元的取值，以 *EAST* 为例，当交易样本的登记地址属于城东范围，即 $BLOCK\_ND+BLOCK\_YD+BLOCK\_ED+BLOCK\_SD=1$ 时，则取 *EAST* 为 1，否则为 0。

4. 时间特征变量（X_{time}）

时间哑元（*Y*0401…*Y*0512）：反映交易样本的签约时间，属于哑元变量，用以考察住房价格随时间的变化。按交易样本签约时间所在月份，引入 24 个时间哑元（*Y*0401…*Y*0512），以标识样本交易的时间。以变量 *Y*0401 为例，当交易样本的签约时间在 2004 年 1 月内，则取变量 *Y*0401 为 1，否则为 0。

5.“因项目而异”的特征变量（X_{pro}）

项目哑元（*PROID_i*）：反映交易样本“因项目而异”的特征，属于哑元变量。按住宅小区项目名称的不同，引入了 *n* 个项目哑元变量（*PROID*_001…*PROID*_509），以标识样本是否属于某一特定项目。以 *PROID*_001 为例，当交易样本在信息系统中登记的项目名称为“德意馨苑”时，则取 *PROID*_001 为 1，否则为 0。

需要说明的是，“因项目而异”的特征一方面反映了项目本身的物理属性，如住宅项目的绿化率、容积率、停车位等。对于此类特征，消费者在购买住房时通过向销售人员垂询，能够获得准确的信息。另一方面，“因项目而异”的特征还反映了邻里层面的特征属性，如小区出行的便利性，周围医疗、教育、商业等生活配套设施是否齐全，周边以及小区内自然环境、治安状况是否良好，小区内居民的素质是否较高等等。对于这部分特征，因受外界因素的影响而随时间变化，故不受消费者自身控制，属于外生性的不确定性因素。消费者在购买住房时，仅能通过对当前和历史信息的分析做出预期判断。

6.“因开发企业而异”的特征变量（X_{dev}）

开发企业哑元（*DEVID_i*）：反映交易样本“因开发企业而异”的特征，属于哑元变量。按开发企业名称不同，引入了 *m* 个开发企业哑元变量（*DEVID*_001…*DEVID*_425，且 $m<n$），以标识交易样本是否由相同企业开发。以变量 *DEVID*_001 为例，当交易样本在信息系统中登记的开发企业名称为“成都爱时房屋发展有限公司”时，则取 *DEVID*_001 为 1，否则为 0。

需要说明的是，“因开发企业而异”的特征包括两方面的属性：一是与开发企业自身相关的特征；二是由企业开发的住房产品的整体特征。在商品房预售制度安排下，住房质量的不确定性主要表现为消费者和开发企业间存在的质量信息不对称。由于消费者购买的是未建成的住房产品，对于开发企业是否会按照住房交易合约中规定的质量标准完成住房产品存在疑问，开发企业在生产住房产品过程中，对住房质量的了解程度也远远多于消费者。开发企业对施工过程中的质量控制能力，企业本身是否存在道德风险等因素，均对住房不确定性质量有较强的影响。因此，开发企业自身的特征将影响住房不确定性质量的规模，同时，消费者对这部分特征的了解程度也将影响其对住房不确定性质量的预期判断，进而影响其最终的支付意愿决策。"因开发企业而异"在表征开发企业自身特征的同时，还反映了由该企业开发的住房产品的整体特征。这种住房产品的整体特征有助于消费者对企业未来住房产品情况做出合理的预期判断。尤其对于在考察期内仅有一个项目的开发企业，其同时还兼具了"因项目而异"的特征。

3.3 数据分析

3.3.1 数据来源

本章所涉及的微观住房交易数据直接提取于成都房地产信息数据库(以下简称信息系统)。该数据库是由成都市房管局依据住房交易备案信息建立。

成都市房管局作为全国房地产职能体系中的典范型单位，自 2000 年 6 月便着手建立以房地产综合管理系统为依托的信息系统，经过初期运行阶段的经验积累，于 2002 年 6 月形成了较为规范的运作模式。2004 年，为加强房地产市场管理，全面监控新建商品住房交易流程，建设部等七部委联合发布了《关于加强协作共同做好房地产市场信息系统和预警预报体系有关工作的通知》(建住房[2004]7 号)，在全国范围内推广房地产市场信息系统。此时，成都房地产信息系统由于建立时间较早，数据结构完备，为这一模式在全国范围内的推广起到了试点示范作用。

到目前为止，成都房地产信息数据库已经形成了覆盖市内五区[①]和高新区，能够反映成都房地产市场的主要交易记录。在数据质量方面，由于信息系

① 包括青羊区、金牛区、武侯区、锦江区和成华区。

统的数据直接来自政府部门的住房交易备案信息，其真实性和可靠性较高。从数据内容来看，信息系统除记录了交易价格和签约日期外，还包括了建筑面积、公摊面积、所在楼层等单元层面信息以及结构形式、房屋类型、批准预售时间、批准预售面积、区位(准确地址、行政区、所在环线和所在方位)等项目层面信息，能够较为全面和完整地反映交易单元的特征情况。此外信息系统中还记录了购买人身份证号、购买方式(是否按揭、贷款成数、贷款银行)、开发商资质等交易双方的特征信息，能够较为全面地反映微观交易主体特征。

3.3.2　描述性统计

本章采用的是"住房交易样本"中的预售市场数据，以成都市 2004—2005 年全部预售住房交易数据为研究对象，未进行任何抽样，属于全样本分析。样本总量为 100 673 条，各变量的描述性统计分析见附录 B。

3.4　Hedonic 模型构建

3.4.1　估计方法选择

随着统计技术的发展，除了传统的普通最小二乘法估计方法外，一些新的技术也逐渐被应用于特征价格模型中，如半参数估计、非参数估计和空间自回归估计等。然而这些新的估计技术在提高模型准确程度的同时，也带来操作复杂的问题，并对其推广应用产生了限制。出于操作简便的考虑，本研究仍采用传统的最小二乘法进行模型估计。估计时未进行任何形式的加权，即将每一个参与估计的交易单元均视为完全一致，并采用向后逐步回归法(Backward Stepwise)选取有效变量，以及利用 White 异方差一致性估计方法(White Heteroskedasticity Consistent Coefficient Covariance)来消除模型估计过程中可能出现的异方差问题。

3.4.2　模型形式选择

合理的模型形式是确保特征价格模型精度的另一要素。根据第 2 章中对特征价格模型理论基础的分析可知，住房特征对住房价格的贡献通常并非简单的线性关系，不恰当的模型形式将导致与实际不一致的估计结果(Intrilligator et al.，1996)。因此，选择合理的模型形式是应用特征价格模型进行分析研究时所面临的首要问题。

由于特征价格模型的基本理论中并未针对模型形式选择给予更多的指导或帮助，因此在大多数情况下，学者们从数据处理角度出发，以拟合优度等统计指标为标准进行模型形式选择(Malpezzi，2003)。本书将沿用这一常规的研究思路，按照各种自变量组合，比选若干模型形式，从而选择合理的模型形式。

1. 变量选择

在进行模型形式选择时，以住房单价(*U_PRICE*)为因变量进行模型估计。自变量方面引入单元建筑面积(*U_AREA*)、单元所在楼层(*U_FLOOR*)、地上总层数(*P_FLOOR*)、片区哑元(*BLOCK_i*)和月度哑元(*Yj*)。其中，片区哑元以“一至二环西”为默认变量(即 *BLOCK_EX*＝1)；时间哑元以“2004 年 1 月”为默认变量(即 Y0401＝1)。

2. 模型形式

由于自变量中包含哑元变量，故不便通过 Box-Cox 变换确定模型形式。为了寻找恰当的模型形式，本节将首先根据各种自变量组合，对以下五种 Hedonic 模型进行比较，即线性、多项式、半对数Ⅰ、半对数Ⅱ和双对数①，以确定最终的模型形式：

$$\begin{aligned} U\_PRICE = {} & \alpha + \beta_1 \cdot U\_AREA + \beta_2 \cdot U\_FLOOR \\ & + \beta_3 \cdot P\_FLOOR + \sum_{i=1}^{16} \beta_{Bi} \cdot BLOCK\_i \\ & + \sum_{j=i}^{23} \beta_{Tj} \cdot Y_j + \varepsilon \end{aligned} \tag{3-2}$$

$$\begin{aligned} U\_PRICE = {} & \alpha + \beta_1 \cdot U\_AREA + \beta_2 \cdot U\_FLOOR \\ & + \beta_3 \cdot P\_FLOOR + \beta_4 \cdot (U\_AREA)^2 \\ & + \beta_5 \cdot (U\_FLOOR)^2 + \beta_6 \cdot (P\_FLOOR)^2 \\ & + \sum_{i=1}^{16} \beta_{Bi} \cdot BLOCK\_i + \sum_{j=i}^{23} \beta_{Tj} \cdot Y_j + \varepsilon \end{aligned} \tag{3-3}$$

$$\begin{aligned} LOG(U\_PRICE) = {} & \alpha + \beta_1 \cdot U\_AREA + \beta_2 \cdot U\_FLOOR \\ & + \beta_3 \cdot P\_FLOOR + \beta_4 \cdot (U\_AREA)^2 \\ & + \beta_5 \cdot (U\_FLOOR)^2 + \beta_6 \cdot (P\_FLOOR)^2 \\ & + \sum_{i=1}^{16} \beta_{Bi} \cdot BLOCK\_i + \sum_{j=i}^{23} \beta_{Tj} \cdot Y_j + \varepsilon \end{aligned} \tag{3-4}$$

---

① 双对数模型中，仅对连续变量采用对数形式，哑元变量保留原有形式。

$$
\begin{aligned}
U\_PRICE = {} & \alpha + \beta_1 \cdot LOG(U\_AREA) + \beta_2 \cdot LOG(U\_FLOOR) \\
& + \beta_3 \cdot LOG(P\_FLOOR) + \beta_4 \cdot LOG(U\_AREA)^2 \\
& + \beta_5 \cdot LOG(U\_FLOOR)^2 + \beta_6 \cdot LOG(P\_FLOOR)^2 \\
& + \sum_{i=1}^{16} \beta_{Bi} \cdot BLOCK\_i + \sum_{j=i}^{23} \beta_{Tj} \cdot Y_j + \varepsilon
\end{aligned} \tag{3-5}
$$

$$
\begin{aligned}
LOG(U\_PRICE) = {} & \alpha + \beta_1 \cdot LOG(U\_AREA) + \beta_2 \cdot LOG(U\_FLOOR) \\
& + \beta_3 \cdot LOG(P\_FLOOR) + \beta_4 \cdot LOG(U\_AREA)^2 \\
& + \beta_5 \cdot LOG(U\_FLOOR)^2 + \beta_6 \cdot LOG(P\_FLOOR)^2 \\
& + \sum_{i=1}^{16} \beta_{Bi} \cdot BLOCK\_i + \sum_{j=i}^{23} \beta_{Tj} \cdot Y_j + \varepsilon
\end{aligned} \tag{3-6}
$$

3. 估计结果

五种 Hedonic 模型的试算结果如表 3-1 所示。

表 3-1　模型形式比选[因变量：*LOG*(*U_PRICE*)]

模型形式	调整后 R^2	F 统计量	对数似然值
线性	0.471	2 129.657***	−786 616.8
多项式	0.488	2 128.066***	−784 972.6
半对数Ⅰ	0.497	2 203.988***	37 690.56
半对数Ⅱ	0.447	1 934.943***	−788 827.6
双对数	0.469	2 109.798***	34 958.38

注：***：在 99%的置信度下显著成立。

从表 3-1 的实证结果来看，五种模型形式的调整 R^2 相差不大，这主要是由于数据量较大的原因。相比之下，以半对数Ⅰ模型的拟合优度最高(0.497)，同时 F 统计量和对数似然值也均高于其他四个模型。另外，从以往应用 Hedonic 模型的定量研究经验来看，多数研究也均倾向于使用半对数模型，这主要是因为半对数模型具有以下几方面优势：体现了住房质量的属性与住房价格间的非线性关系；模型参数直观地代表了住房特征属性对住房价格的贡献度；有助于消除异方差问题等等(Malpezzi，2003)。故本书将确定半对数Ⅰ[式(3-4)]作为 Hedonic 模型的模型形式。

3.5 实证分析

3.5.1 基础 Hedonic 模型估计

首先建立仅考虑确定性质量的基础 Hedonic 模型(BHM)。

1. 模型构建

在基础 Hedonic 模型中，以住房单价(U_PRICE)为因变量，以反映住房单元物理特征、邻里特征、区位特征以及时间特征的变量为自变量，包括：单元建筑面积(U_AREA)、单元所在楼层(U_FLOOR)、地上总层数(P_FLOOR)、片区哑元($BLOCK\_i$)、月度哑元(Yj)和项目总建筑面积(TP_AREA)。其中，片区哑元以“一至二环西”为默认变量(即 $BLOCK\_EX=1$)；时间哑元以“2004 年 1 月”为默认变量(即 Y0401=1)。

自变量和因变量的描述性统计如附录 B 所示。采用半对数形式，特征价格模型如式(3-7)所示，其中，α，β_i 为待估系数，ε_{BM} 为残差。

$$
\begin{aligned}
LOG(U\_PRICE) = {} & \alpha + \beta_1 \times U\_AREA + \beta_2 \times U\_FLOOR \\
& + \beta_3 \times P\_FLOOR + \beta_4 \times (U\_AREA)^2 \\
& + \beta_5 \times (U\_FLOOR)^2 + \beta_6 \times (P\_FLOOR)^2 \\
& + \sum_{i=1}^{16} \beta_{Bi} \times BLOCK\_i + \sum_{j=i}^{23} \beta_{Tj} \times Y_j \\
& + \beta_7 \times TP\_AREA + \beta_8 \times (TP\_AREA)^2 + \varepsilon_{BM}
\end{aligned}
\tag{3-7}
$$

2. 估计结果

为考察各种质量特征对住房价格的影响情况，将各质量特征变量逐一带入基础 Hedonic 模型中，各基础 Hedonic 模型的估计结果如表 3-2 所示。

由表 3-2 的结果可知，考虑所有确定性质量特征后，基础 Hedonic 模型 6 (BHM6)的整体显著性较好。调整 R^2 为 0.501，F 统计量在 99%的置信度下显著。虽然拟合优度不是很高，但对于规模如此庞大的数据而言，0.501 的调整 R^2 仍是可以接受的水平。

表 3-2 基础 Hedonic 模型(BHM)估计结果汇总

(因变量：$LOG(U\_PRICE)$)

自变量名称	BHM1	BHM2	BHM3	BHM4	BHM5	BHM6
常数项	8.018***	8.309***	8.034***	7.909***	7.831***	7.831***

续表

自变量名称	BHM1	BHM2	BHM3	BHM4	BHM5	BHM6
Y 0402…Y 0512	省略	省略	省略	省略	省略	省略
U_AREA		−0.328***	−0.253***	−0.213***	−0.071***	−0.085***
U_AREA^2		0.127***	0.104 3***	0.093***	0.060***	0.061***
U_FLOOR			0.010***	0.002***	0.003***	0.003***
U_FLOOR^2			1.12×10^{-4}***	1.04×10^{-4}***	—	—
P_FLOOR				0.014***	0.002***	0.003***
P_FLOOR^2				-1.08×10^{-4}**	6.5×10^{-5}**	—
BLOCK_i					省略	省略
TP_AREA						0.003***
TP_AREA^2						-2.01×10^{-5}**
调整后 R^2	0.141	0.190	0.269	0.318	0.496	0.501
F 统计量	722.11***	945.85***	1 372.62***	1 615.24***	2 203.99***	2 144.85***
样本量	100 672	100 672	100 664	100 379	100 379	100 379

注：1. 由于部分样本变量存在缺失，故有效样本量小于预售样本总数 100 673 个；

2. ***：变量在 99%的置信度下显著成立；**：变量在 95%的置信度下显著成立。

3. 结果分析

(1)物理特征

住房单元的物理特征对住房价格的影响显著。单元面积(*U_AREA*)对价格的影响呈先减后增的“U 形”，即中等面积(或者换言之，常规套型)住房单价最低，而小户型和大户型的住房单价较高，住房单价最低点对应的户型面积为 70 平方米。在楼层方面，所在楼层(*U_FLOOR*)对住房价格的影响呈单调递增状态，即楼层越高，住房价格越高。每升高一层，住房价格上升 0.01%($e^{0.003}-1=0.01\%$)。

地上总层数(*P_FLOOR*)对住房价格的影响呈单调递增状态，即总楼层越高，单价越高。每升高一层，住房价格上升 0.01%($e^{0.002}-1=0.01\%$)。这一实证结果与理论分析相反。理论分析认为，地上总层数反映住宅项目的密度情况，对物业价值的影响呈反向作用，即地上总层数越高，项目密度越大，住房价格越低。这一矛盾可以解释为由于实证研究中存在缺失变量而造成的。鉴于数据可得性的问题，实证分析中缺少衡量住房档次的变量。而在住房市场中，开发企业基于追求利润最大化的考虑，存在将高层住宅项目设计为档次偏高的户型产品的操作模式。其目的在于，通过增加项目密度实现单位住房面积上的土地成本降低。因此，在缺少表征住房档次变量的情况下，地上总层数在反映项目密度的同时，也在一定程度上代表了住房的档次。从表3-2的结果可知，在当前住房市场中，地上总层数更多地反映了住房档次特征，即总层数越高，项目档次越高，住房价格也相应越高。

(2)邻里特征

项目总面积(*TP_AREA*)对价格的影响呈先增后减的“倒U形”，即一定范围内，项目规模的扩大会伴随社区基础设施的改善和服务水平的提高，对物业价格有正面影响，但超过一定界限后，过大的项目规模反而会带来生活质量的下降，并因而降低住房单价，最高价格点对应的项目规模为7.46万平方米。

(3)区位特征

从逐一引入住房特征的估计结果可以看出(表3-3)，表征交易样本所在区位特征的各片区哑元，对模型拟合优度的改善程度最为显著。在引入片区哑元(*BLOCK_i*)后，模型调整R^2由0.318(BHM4)提高到0.496(BHM5)，上升了55.97%。这说明区位因素确实在当前住房价格确定机制中发挥着非常重要的作用，同时也说明对区位特征的进一步细化将有助于提高对住房价格的理解。由表3-4可知，在区位的空间分布方面，住房价格随环线的(即距市中心的距离)增加而降低，城市南部的住房价格较高，而北部则较低，这些特征的影响效应均符合理论预期以及城市的总体规划。

表3-3 特征属性对Hedonic模型拟合优度的改变情况

调整后R^2	建筑面积(*U_AREA*)	所在楼层(*U_FLOOR*)	地上总层数(*P_FLOOR*)	片区哑元(*BLOCK_i*)	项目总建筑面积(*TP_AREA*)
改变量	0.049	0.079	0.049	0.178	0.004
变化率(%)	34.75	41.58	18.22	55.97	0.81

表3-4 各区位特征对住房价格的影响

变量含义	变量名称	对住房价格的贡献(%)	变量含义	变量名称	对住房价格的贡献(%)
内至一环东	*BLOCK_ND*	0.61	二至三环东	*BLOCK_ED*	−24.26
内至一环南	*BLOCK_NN*	5.15	二至三环南	*BLOCK_EN*	−8.32

续表

变量含义	变量名称	对住房价格的贡献(%)	变量含义	变量名称	对住房价格的贡献(%)
内至一环西	*BLOCK_NX*	0.28	二至三环西	*BLOCK_EX*	−19.68
内至一环北	*BLOCK_NB*	−19.54	二至三环北	*BLOCK_EB*	−32.17
一至二环东	*BLOCK_YD*	−16.56	三环外东	*BLOCK_SD*	−28.42
一至二环南	*BLOCK_YN*	−3.53	三环外南	*BLOCK_SN*	−29.67
一至二环西	*BLOCK_YX*	−5.69	三环外西	*BLOCK_SX*	−24.32
一至二环北	*BLOCK_YB*	−13.13	三环外北	*BLOCK_SB*	−49.06
城东	*EAST*	−16.63	城西	*WEST*	−12.40
城南	*SOUTH*	−0.07	城北	*NORTH*	−23.03

注：对住房价格的贡献表示对中心区(*BLOCK_N*)而言的相对值。例如，内至一环东(*BLOCK_ND*)的住房平均单价比中心区贵 0.61%。

3.5.2 扩展 Hedonic 模型估计

由基础 Hedonic 模型 6(BHM6)的调整 R^2 为 0.501 可知，仅考虑确定性质量的物理特征、区位特征和邻里特征的基础 Hedonic 模型仅仅解释了住房价格的 50%，尚有另外 50%的部分未能得到解释。其原因，一方面是由于存在缺失变量所引起；另一方面是尚未考虑消费者为降低未来住房不确定性质量而支付的风险溢价。

为此，本节首先将通过对基础 Hedonic 模型 6(BHM6)的残差(ε_{BM})的分析，试图寻求对住房价格有较大影响，但未引入基础 Hedonic 模型中的特征变量，然后通过对基础 Hedonic 模型的修正，建立扩展 Hedonic 模型。

1. 残差分析

通过对基础 Hedonic 模型 6 的残差 ε_{BM} 进行分析发现，不同住宅项目的残差均值不尽相同，且具有“因项目而异”的特征(图 3-3a)。同理，亦可发现残差 ε_{BM} 与开发企业哑元(*DEVID_i*)也存在类似的关系，即残差 ε_{BM} 均值具有“因开发企业而异”的特征(图 3-3b)。故此可以推断 ε_{BM} 分别与项目哑元(*PROID_i*)和开发企业哑元(*DEVID_i*)非相互独立的，而是存在相关性。基础 Hedonic 模型 6 存在改进的空间。

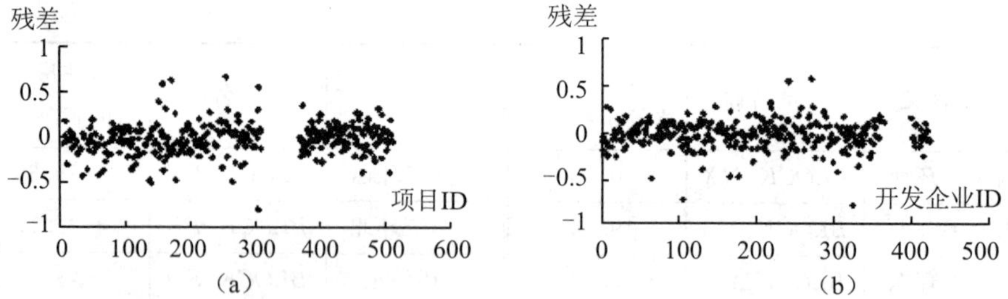

图 3-3 “因项目而异”与“因开发企业而异”的残差 ε_{BM} 均值散点图

2. 模型构建

为解决上述问题，本节将对基础 Hedonic 模型的参数估计进行修正，构建扩展 Hedonic 模型(EHM)，即在基础 Hedonic 模型 6 中，引入表征“因项目而异”的项目哑元(*PROID_i*)。由于项目哑元(*PROID_i*)与表示邻里特征的项目总建筑面积(*TP_AREA*)存在多重共线性，故在扩展模型中不引入此变量。扩展 Hedonic 模型仍采用半对数形式，以 *PROID*_507＝1 为默认变量，模型形式如式(3-8)所示：

$$\begin{aligned} LOG(U\_PRICE) = {} & \alpha + \beta_1 \cdot U\_AREA + \beta_2 \cdot U\_FLOOR \\ & + \beta_3 \cdot P\_FLOOR + \beta_4 \cdot (U\_AREA)^2 \\ & + \beta_5 \cdot (U\_FLOOR)^2 + \beta_6 \cdot (P\_FLOOR)^2 \\ & + \sum_{i=1}^{16} \beta_{Bi} \cdot BLOCK\_i + \sum_{j=i}^{23} \beta_{Tj} \cdot Y_j \\ & + \sum_{i=1}^{n-1} \beta_{Pi} \cdot PROID\_i + \varepsilon \end{aligned} \tag{3-8}$$

同理，在基础 Hedonic 模型中引入表征“因开发企业而异”的开发企业哑元(*DEVID_i*)，以 *DEVID*_269＝1 为默认变量(*PROID*＝507 对应的开发企业 ID)，建立如式(3-9)所示的半对数形式模型：

$$\begin{aligned} LOG(U\_PRICE) = {} & \alpha + \beta_1 \times U\_AREA + \beta_2 \times U\_FLOOR \\ & + \beta_3 \times P\_FLOOR + \beta_4 \times (U\_AREA)^2 \\ & + \beta_5 \times (U\_FLOOR)^2 + \beta_6 \times (P\_FLOOR)^2 \\ & + \sum_{i=1}^{16} \beta_{Bi} \times BLOCK\_i + \sum_{j=i}^{23} \beta_{Tj} \times Y_j \\ & + \beta_7 \times TP\_AREA + \beta_8 \times (TP\_AREA)^2 \\ & + \sum_{i=1}^{m-1} \beta_{Pi} \times DEVID\_i + \varepsilon \end{aligned} \tag{3-9}$$

3. 估计结果

扩展 Hedonic 模型估计结果如表 3-5 所示。两类扩展 Hedonic 模型(EHM1 和 EHM2)的整体显著性均很好。调整 R^2 均达到 0.8 以上，F 统计量在 99%的置信度下显著，模型拟合优度很好。

表 3-5　扩展 Hedonic 模型(EHM)估计结果汇总

［因变量：*LOG*(*U_PRICE*)，样本量：100 379］

自变量名称	EHM1	EHM2	自变量名称	EHM1	EHM2
常数项	8.088***	8.030***	*BLOCK_YB*	0.046***	−0.028***
U_AREA	−0.071***	−0.071***	*BLOCK_ED*	0.075***	0.047***
U_AREA^2	0.047***	0.046***	*BLOCK_EN*	0.249***	0.068**
U_FLOOR	0.001***	4.24×10^{-4}**	*BLOCK_EB*	−0.101***	−0.142***
U_FLOOR^2	1.53×10^{-4}***	1.55×10^{-4}***	*BLOCK_SD*	−0.367***	−0.323***
P_FLOOR	−0.02***	−0.021***	*BLOCK_SN*	−0.523***	0.029***
P_FLOOR^2	0.001***	6.91×10^{-4}***	*BLOCK_SX*	0.207***	−0.050***
BLOCK_N	0.341***	0.296***	*BLOCK_SB*	−0.49***	−0.480***
BLOCK_ND	0.168***	0.143***	*TP_AREA*	—	−0.003***
BLOCK_NN	0.611***	0.498***	TP_AREA^2	—	-1.9×10^{-4}***
BLOCK_NX	0.163***	0.128***	Y0402…Y0512	省略	省略
BLOCK_NB	0.146***	0.121***	*PROID_i*	省略	—
BLOCK_YD	−0.045	0.073***	*DEVID_i*	—	省略
BLOCK_YN	0.126***	0.002	调整后 R^2	0.846	0.823
BLOCK_YX	0.384***	0.271***	*F* 统计量	1 309.351***	1 331.198***

注：1. 由于部分样本变量存在缺失，故有效样本量小于预售样本总数 100 673 个；

2. ***：在 99%的置信度下显著成立；**：在 95%的置信度下显著成立。

4. 结果分析

由于住房特征并非本节建立扩展 Hedonic 模型分析的重点，故对其不进行详细分析，但各特征的估计系数和显著性均与基础 Hedonic 模型 6(BHM6)相差甚微，这些特征对住房价格的影响效应也均符合理论预期，说明模型的稳定性较好。

由表 3-5 可知，引入项目哑元(*PROID_i*)和开发企业哑元(*DEVID_i*)后，方程整体显著性有较大的提高，从基础 Hedonic 模型 6 的 0.501 分别提高到

0.846(EHM1)和0.823(EHM2)，这说明，“因项目而异”和“因开发企业而异”的特征对住房价格的贡献分别为34.6%和32.3%。限于篇幅，表3-5中省略了项目哑元(*PROID_i*)和开发企业哑元(*DEVID_i*)的具体估计系数结果，其描述性统计分析如图3-4所示。$\hat{\beta}_{Pi}$和$\hat{\beta}_{Di}$分别表示“因项目而异”和“因开发企业而异”特征的估计系数。

正如第3.2.2节中所述，“因项目而异”的特征包括了项目本身的物理特征和邻里层面的特征。一方面，对于前者，消费者在购买住房时，通过对项目整体情况的垂询，能清楚获得准确的信息。然而，限于本研究变量可得性的问题，暂时无法对其进行度量并引入模型分析，故属于研究中的缺失变量。另一方面，后者则反映了消费者对不确定性质量的预期。相类似的，“因开发企业而异”的特征在包含上述两种特征的同时，还包括开发企业自身特征，以及因经营战略而异的不确定性质量。需要说明的是，对于在考察期内开发项目多于一个的企业，前两种特征的概念将扩展为由该企业开发项目的整体特征，而非针对单个项目而言。因此，在扩展Hedonic模型中增加的两类哑元变量，能够在一定程度上反映消费者对未来不确定性因素的预期，估计系数$\hat{\beta}_{Pi}$和$\hat{\beta}_{Di}$也能够在一定程度上反映消费者根据对不确定性质量的预期而支付的风险溢价。进而可以做出合理的假设，消费者在购买住房时，存在着按项目和开发企业不同进行住房选择的偏好。因此“因项目而异”和“因开发企业而异”的特征具备成为表征住房不确定性质量标识的可能性。

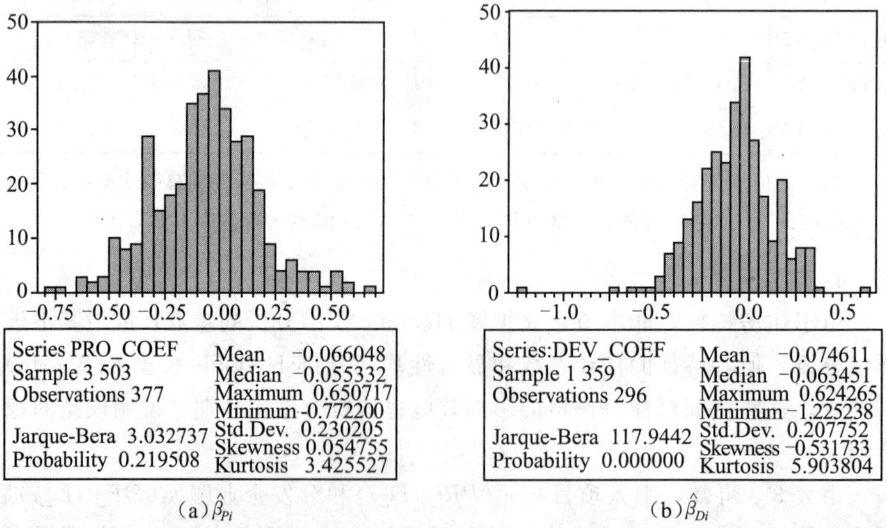

图3-4　项目哑元系数($\hat{\beta}_{Pi}$)与开发企业哑元($\hat{\beta}_{Di}$)系数估计结果

进一步研究发现，“因项目而异”的特征仅能代表该项目自身的特点。由于住房产品的异质性决定了每套住房单元具有不可复制性，而住房产品的生产过程也决定了每个项目的不可复制性，使得“因项目而异”的特征不具备信息传导作用，其仅代表在该项目生命周期内产品的共同特点。在新建商品住房市场中，随着开发投资的增加，住宅项目不断增加，这种不具备传导性质的质量信息将迅速老化，难以为购买其他住宅项目的消费者提供有效信息。其质量识别作用在存量市场中应更为有效。

相比之下，“因开发企业而异”的特征，具有随开发企业住房开发投资的增加而延续的性质，所表征的信息具有随住宅项目的增加而自我更新和再生的特点，并能够将信息有效地传导至下一个项目中，具有较好的有效性和传导性。因此，在新建商品住房市场中，“因开发企业而异”的特征对住房不确定性质量的标识作用，能够随时间的变化而变化，具有较好的动态性，所以更能适应住房市场动态发展的需要。与此同时，本研究开展的一项关于消费者购买决策的调研中也发现①，在住房选择中，消费者确实存在对开发企业的偏好。该研究结果表明，在满足区位和价格的前提下，有 77％的调研对象认为在选购住房时开发企业是一项重要的考虑因素，而仅有 11.6％的调研对象在选购住房时不考虑开发企业因素。综合上述两方面的分析，“因开发企业而异”的特征具备成为住房不确定性质量标识的可能性。故此，本章提出以“因开发企业而异”的特征作为住房不确定性质量标识的假设，并在后续章节进行验证。

3.6　小结

本章的主要研究结论如下：

①住房质量的各种属性与住房价格之间呈现非线性的良好函数关系，可以利用特征价格模型来识别和度量住房质量。线性模型和非线性模型的实证检验结果证明，住房质量特征对住房价格的影响规律表现为非线性关系。在各种非线性模型中，半对数模型具有相对较好的解释能力，同时，其估计系数能够更好地体现特征价格模型的经济意义：模型参数直观地反映了住房特征对住房价

① 该项研究是清华大学房地产研究所“成都住宅开发企业品牌行为特征”课题组于 2006 年 10 月 1～5 日，对参加第 28 届成都市房地产交易会(2006 年秋季)的消费者，按人口比例进行随机抽样调研而得。本次调查共发放问卷 930 份，其中有效问卷 903 份，有效率 96.8％。

格的贡献度。

②住房质量由确定性质量和不确定性质量共同构成，忽略不确定性质量的基础模型对住房价格的解释能力有限。由物理特征、邻里特征、区位特征和时间特征等确定性质量特征构成的基础模型对住房价格的解释能力为50%，仅能解释住房价格的一半形成原因。这表明尚有对住房价格影响较为重要的特征未纳入特征价格方程，基础 Hedonic 价格模型存在较大的改进空间。同时，在各种特征中，区位变量是当前影响成都住房价格的非常重要的因素，引入该类特征后，模型拟合优度由 0.318 提高到了 0.496。

③住房不确定性质量具有“因项目而异”和“因开发企业而异”的特征，且对住房价格有较大的解释能力。通过引入表征“因项目而异”和“因开发企业而异”特征变量——项目哑元和开发企业哑元，得到的扩展 Hedonic 价格模型的解释能力显著提高，模型的拟合优度分别达到 0.846 和 0.823。这表明“因项目而异”和“因开发企业而异”的特征对住房价格的贡献分别为 34.6%和 32.3%。消费者存在对“因项目而异”和“因开发企业而异”的选择性偏好。同时，鉴于“因项目而异”和“因开发企业而异”的特征在一定程度上代表了住房不确定性质量，可以证明住房不确定性质量的存在，以及消费者在住房消费时，确实为降低未来不确定性质量风险而支付风险溢价。

④提出“‘开发企业’可以成为住房不确定性质量的一种显性标识”的待检验命题。“因项目而异”的特征所反映的信息不具备可传递性，而“因开发企业而异”特征能够反映开发企业随时间变化的动态信息，即企业长期住房生产行为特征，据此消费者可以对该企业开发的住房的不确定性质量进行合理的预期判断，进而做出风险最小化的购买决策。因此，“开发企业”具备成为表征住房不确定性质量的显性标识的可能性。

第 4 章 住房不确定性质量的影响因素

第 3 章的研究结果表明，住房不确定性质量确实存在，“开发企业”可以成为住房不确定性质量的一种显性标识。本章将从分析消费者主观购买决策入手，探求消费者采用哪些因素将“开发企业”和“不确定性质量”相关联，以及消费者是否愿意购买具有较高声誉开发企业所开发的住房。

4.1 研究思路与方法

4.1.1 研究思路

本章在分析影响消费者“因开发企业而异”偏好因素的基础上，通过抽样调查方法，获得消费者有关开发企业的“整体印象”、“从业经验”、“历史产品”、“住房产品未来预期”、“合约履行情况”等方面的主观信息，采用结构方程模型方法，通过研究消费者对特定开发企业产品“购买意愿”的决策过程，归纳“开发企业”和“不确定性质量”的关联性规律。本章研究结构图如图 4-1 所示。

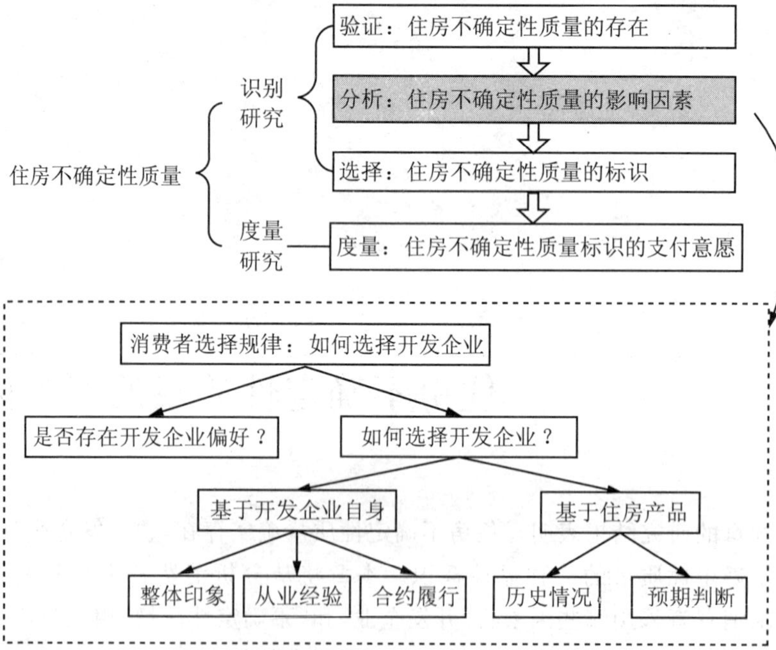

图 4-1　住房不确定性质量影响因素研究结构图

4.1.2　研究方法

本章的实证研究主要采用结构方程模型进行。

1. 结构方程模型简介

结构方程模型(Structural Equation Model，SEM)是基于变量协方差矩阵来分析变量之间关系的一种统计方法，也称为协方差结构分析(侯杰泰 等，2004)。作为一种基于统计分析技术的研究方法，其有效整合了统计学中“因素分析”和“路径分析”两大主流技术，善于处理复杂的多变量数据分析，是目前国际上流行的多元分析方法，广泛应用于经济学、管理学、社会学、心理学等领域(谢赞，2003)。

在变量构成上，结构方程模型包括观测变量(Measurement Variable)和结构变量(Construct Variable)两类。观测变量，是可以直接被观测的变量。结构变量，又被称为潜变量(Latent Variable)，反映的是抽象和综合的概念。结构变量难以被准确和直接地测量，只能通过对观测变量的测量和计算得到，通常每个结构变量对应一组观测变量。在方程构成上，结构方程模型可分为测量方程(Measurement Model)和结构方程(Structure Model)两部分。测量方程描述潜变量与观测指标之间的关系(也称为内部关系，Inner Relationship)，结构方程则描述潜变量之间的关系(也称为外部关系，Outer Relationship)。结构方程模型的内部关系和外部关系都可以用线性方程组的形式表达。

结构方程模型可以同时考虑多个因变量，能够从整体上评价模型和样本数据的匹配程度。通过对模型参数的分析，确定模型中各个变量之间的相关关系。图 4-2 展示了一个典型的结构方程模型。其中，结构变量用圆形表示；观测变量用矩形表示；变量之间的关系用实线箭头表示，箭头方向由原因变量指向结果变量；残差的影响用虚线箭头表示，箭头方向指向变量。如果某个结构变量没有被任何实线箭头指向，则称之为外生结构变量(Exogenous Structural Variable)，如果某个结构变量有至少一个实线箭头指向，则称之为内生结构变量(Endogenous Structural Variable)。图 4-2 中 ξ 和 x 分别代表外生结构变量及其观测变量，η 和 y 分别代表内生结构变量及其观测变量，ζ 代表内生结构变量的解释残差，δ 和 ε 分别代表观测变量 x 和 y 的测量误差。

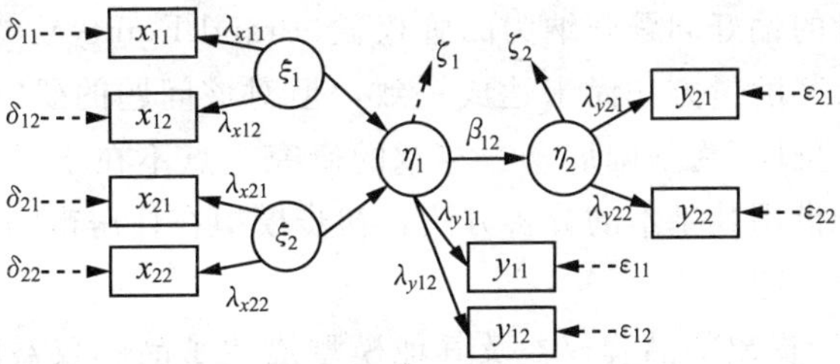

图 4-2 结构方程模型范例

结构方程模型的基本假设为：

①测量误差 δ、ε 的均值为零；

②解释残差 ζ 的均值为零；

③测量误差 δ、ε 与结构变量 η、ξ 之间不相关，δ 与 ε 之间不相关；

④解释残差 ζ 与外生结构变量 ξ 以及测量误差 δ、ε 之间不相关。

2. 结构方程模型的优点

采用结构方程模型测量和分析消费者对开发企业的选择偏好有以往研究中主观确定变量关系的方法无可比拟的优点。这种方法将影响开发企业偏好的因素作为结构变量处理，每个结构变量都使用多个观测变量测量，通过 AMOS 软件客观系统地确定结构变量同观测变量之间的关系，可以提高测量的客观性和准确性。通过模型中内部关系和外部关系的分析还可以了解开发企业偏好同其影响因素之间的相关关系，为深入研究消费者的开发企业偏好提供了客观依据。

结构方程模型优于多元回归、路径分析和计量经济学中的统计分析、联立方程组以及因子分析等方法，其原因在于其具有较强的对潜变量间相互关系的分析能力以及较为宽泛的假设条件，允许自变量和因变量存在测量误差。结构方程模型主要是一种证实性技术，而非探索性技术。也就是说，应用结构方程的目的在于确定一个特定模型是否合理，而非寻找和发现一种合适的模型。

4.2 数据来源与初步分析

4.2.1 问卷设计说明

消费者对开发企业的偏好问题，其本质是对众多产品供应商的选择问题，即消费者为什么会选择某些特定厂商的产品。虽然这一问题在住房市场鲜有讨论，但在普通商品市场中已经形成较为成熟的研究体系。普通商品市场中，将这类关于生产者的偏好问题归纳为品牌权益(Brand Equity)。虽然学术界对品牌权益的内涵及其度量方法尚未达成一致，但对该问题的研究均以"消费者对不同品牌的行为反应"为基础展开。本章的研究重点不在于对品牌权益概念的讨论，而是在于借用其基本的分析方法，初步模拟在住房市场中消费者因开发企业而异的行为反应。

Keller(2001)提出的品牌权益及其他模型描述了品牌权益的形成过程：从最初的品牌识别，进一步发展为消费者对品牌的意义的理解，包括对与产品相关的和与产品无关的意义的理解，进而在消费者心理上产生了不同的反应，最终发展为不同紧密程度的关系。在这个过程中，消费者形成了品牌知识。Keller(2003)将消费者的品牌知识定义为消费者对储存在自己头脑中的品牌形成了带有个人色彩的描述性和评价性的信息，并指出品牌知识是一个包含多因素的概念，其关键因素有：品牌知晓、产品的属性和能够给消费者带来的利益点、品牌形象、消费者对品牌在认知和感情方面的反应，以及消费者对品牌的态度和购买使用经历。

将 Keller 的研究结论与住房市场的特点相结合可知，消费者对开发企业的认知，应来自两个方面：一是开发企业自身的情况；二是开发企业生产的产品情况。对开发企业自身情况的认知包括：对企业的总体印象(资质如何，是否是国有企业等)、企业是否有较长的从业经验和开发能力以及该企业的诚信情况(销售过程是否规范、能否如期交房等)。对企业产品的认知包括对已建成项目的了解和在建项目的预期两个方面。对于在建项目的预期通常是根据该企业过去产品的质量情况推测(Shapiro，1982)。根据上述对消费者品牌认知过程的初步分析，本研究从“整体印象、从业经验、合约履行、历史产品、住房产品未来预期”五个方面，采用李克特量式(Likert Scale)结构，进行了问卷设计。问卷的初稿首先在清华大学房地产研究所和成都房管局内部进行了测试，通过对测试问卷的分析，并结合当地资深市场分析人员以及行业内多位专家的建议，形成了正式的调研问卷(参见附录 C)。

4.2.2 数据来源与描述性统计分析

本章所采用的“消费者调研样本”，来自清华大学房地产研究所“成都住房开发企业声誉行为研究”课题组于 2006 年 10 月 1～5 日，对参加第 28 届成都市房地产交易会(2006 年秋季)的消费者，随机抽样而得。本次调查共发放问卷 930 份，回收有效问卷 903 份，有效率为 96.8%，符合一般调研问卷发放的基本要求。

1. 样本分布

本次调查中，男性样本略多于女性；单身样本占 60%；本市样本占到总样本量的 2/3 左右；年龄在 35 岁以下的样本占 60%；绝大多数受访对象接受过中高等教育；家庭年收入以 2 万～10 万元为主。样本分布的具体情况见附录 D。

2. 样本总体代表性检验

为考察样本的代表性，分别以性别和单位性质两个比较显著的特征变量作为控制项，参照 2005 年成都市人口统计数据①对样本的分布情况进行 χ^2 检验。上述两个变量的实际分布、样本分布和 χ^2 检验(相伴概率)结果如表 4-1 所示。由表 4-1 可知，性别的相伴概率超过了 90%的置信概率，单位性质的相伴概率也超过了 85%的置信概率。因此有理由相信本次抽样样本能够较好地反映调研总体的情况。

表 4-1 样本分布概况检验

变量	统计数据分布情况	样本数据分布情况	相伴概率
性别(男：女)	1.028：1	1.315：1	0.984
单位性质 (国有集体单位：其他类型单位)	2.501：1	2.526：1	0.881

① 《2006 成都市统计年鉴》。

在进行样本分布检验时，没有选取年龄作为控制项，其主要原因是：本研究以参与或即将参与住房交易的消费者为研究对象，而家庭住房消费具有阶段性，如组建家庭之初的首次置业，以及小孩成长到一定年龄后的住房升级阶段，因此参与住房交易的消费者的主要年龄分布将集中在某几个特定的时期，而非趋同于整个社会人口分布情况。

4.2.3 数据初步分析

1. 关于开发企业重要性的认识

调查结果显示(图 4-3)，在满足区位和价格条件的前提下，有 77%的消费者认为在选购住房时对开发企业的考虑很重要或比较重要，仅有 11.6%的消费者认为不重要或不是很重要。这说明，在预售制度安排下，由于住房不确定性质量的存在，从业企业众多，以及不完全交易合约的限制，使得消费者在进行住房选择时，对开发企业——产品生产者的选择也十分重视。因此，对开发企业的选择有可能成为不确定条件下，消费者规避风险的一种行为方式。根据普通商品市场中的品牌效应理论可以认为，在异质性较强以及信息不对称程度较为严重的住房市场中，消费者通过选择不同开发企业的住房，来降低未来住房不确定性质量的风险，并存在将开发企业视为一种质量识别信号的可能性，即存在购买某些企业开发的住房，在未来使用过程中将承担较小的质量风险的情况。

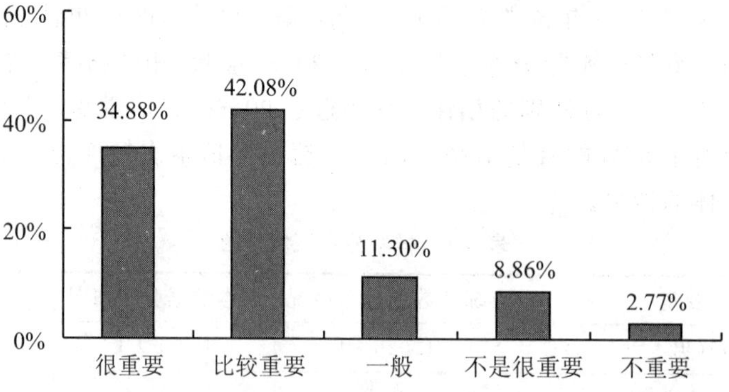

图 4-3　开发企业在消费者购房决策中的重要性分析(总样本量为 903)

2. 关于知名开发企业的选择

根据市场资深分析人士的意见，本研究在问卷中确定了 10 家[①]在成都住房市场中享有一定声誉的开发企业进行声誉评选。消费者对各企业知名度的投票统计结果如表 4-2 所示。其中万科、置信和蓝光集团的票选结果位列前三位。

表 4-2　声誉知名度投票统计及企业市场份额情况(2004—2005 年)

变量名称	开发企业名称	票数(票)	市场份额				
			交易面积(万平方米)	交易量(套)	预售(套)	占总体市场比例(%)	项目个数(个)
*DEVID*_211	万科	821	25.72	2 213	1 955	1.94	3
*DEVID*_283	置信	746	8.70	709	628	0.62	3
*DEVID*_311	蓝光集团	676	43.92	4 636	4 561	4.53	9
*DEVID*_361	中海	558	30.66	2 258	2 200	2.19	2
*DEVID*_006	博瑞	381	11.62	805	742	0.74	2
*DEVID*_269	华润	356	23.52	1 786	1 738	1.73	1
*DEVID*_270	上海绿地	237	13.06	1 154	681	0.68	1
*DEVID*_114	青年房产	169	9.03	799	790	0.78	1
*DEVID*_102	新希望	127	2.54	375	305	0.30	1
*DEVID*_005	建川	93	2.31	214	212	0.21	1
总计			171.08	14 949	13 812	13.72	24

3. 关于知名开发企业住房的购买意愿

调研问卷中对知名开发企业产品的主观购买意愿进行了调研。由图 4-4 可知，在满足区位和价格条件的前提下，有 89.3%的消费者愿意购买知名开发企业的住房。调研数据的统计结果也显示，有 75%消费者的首选开发企业是知名开发企业。

由数据的初步分析可知，在成都住房市场中，消费者对知名企业已经形成了基本的共识，并且表示出较为强烈的购买意愿。同时因开发企业而异的偏好表现为对知名企业偏好。

---

① 在问卷实际调研中，共提及 11 家开发企业，但由于重庆龙湖地产在本书的研究范围 2004—2005 年内，尚未发生住房交易，故在本书的研究中将其剔除。

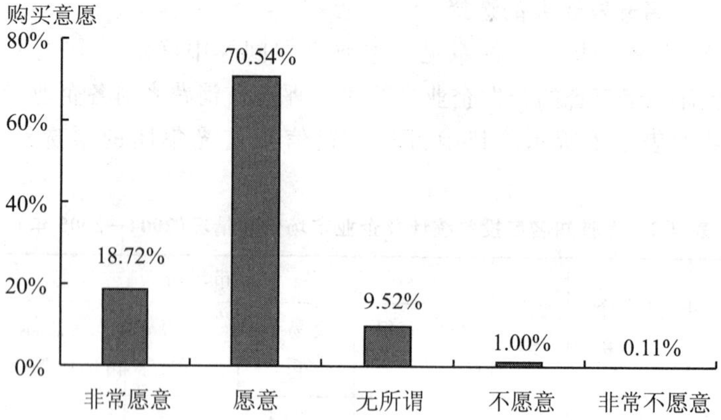

图 4-4　消费者对知名开发企业住房的购买意愿分析(总样本量为 903)

4.3　问卷质量分析

为确保实证研究的准确性，本章对调研所获得的 903 个有效样本，以“消费者购房时首选企业属于消费者心中的知名企业”为标准进行甄选，选取 678 个样本作为本章研究消费者知名开发企业偏好的实证分析对象。样本数据量满足结构方程分析样本数大于 200 的基本要求(邱皓政，2003)。

本节将从缺失分析、项目分析、效度分析和信度分析四个方面检验样本数据质量，以期检测调查问卷设计的合理性，确保实证分析结果的可信度。

4.3.1　缺失分析

首先对数据的缺失情况进行分析。如表 4-3 所示，李克特量表中 22 个测量项目的数据缺失率并不是很高，分布在 0.1%～1.9%之间。缺失分析的结果可以说明，测量项目具有较好的可答性，问卷设计的合理性得到了初步验证。

本研究采用期望最大化(Expectation-Maximization，EM)算法估计缺失值。EM 算法是一种迭代算法，最初由 Dempster 等提出，主要用来求取后验分布的最大似然估计值，该算法在缺失值的估计上非常有效。它的每次迭代由两步组成：E 步求出期望(Expectation)，M 步则将随机参数进行极大化(Maximization)。简单地说，对某个随机变量的未知值，需要在 Y 和当前模型参数条件下求出其期望值。在运算时，首先给该变量一个初始值，然后求出模型中各个参数的估计值(M 步)。随后利用新估计出的模型对该随机变量值进行估计(E 步),如此反复迭代，直至收敛为止。这种算法可以从未缺失数据的分布情况中推算出缺失数据的估计值，从而能够有效地使用所有数据进行分析，来提高统计结果的可信度(张文彤，2002)。

4.3.2　项目分析

项目分析(Item Analysis)是用来了解量表中测量项目是否恰当以及测量项目所具有的鉴别能力。换而言之，就是检验每个测量项目是否具有将研究对象区别成高分群和低分群的能力。根据每一测量项目的“决断值”(Critical Ratio，CR 值)来判断该测量项目是否能够鉴别出不同受访对象的反应程度。

项目分析的方法有两种。第一种方法是：首先，求出每位调研对象的量表总分，并按照量表总分从低到高的顺序将所有受访对象进行排序，得分在前 27%的受访对象为低分组，得分在后 27%的受访对象为高分组；其次，利用均值比较中的独立样本 t 检验方法对两组受访对象在各个测量项目上的平均值进行比较。如果测量项目的 t 值具有统计上的显著性，即表示这个测量项目能够鉴别不同受访对象的反应程度。项目分析的第二种方法是对各测量项目与量表总分的相关系数进行考察。如果相关系数具有统计上的显著性，则可以认为该测量项目具有足够的鉴别力。

本研究同时采用这两种方法，并把两种方法所得的结果相互对照，以使项目分析结论更为准确可信。表 4-3 中的独立样本 t 检验结果显示，所有测量项目的决断值都在 $p=0.000$ 的水平高度显著。各测量项目分值与量表总分的相关系数在 0.420 至 0.598 之间，所有相关系数都在 $p=0.000$ 的水平上高度显著。因此，我们可以认为调查问卷中各测量项目的鉴别力全部满足要求，问卷的合理性得到了进一步验证。

表 4-3　问卷测量项目的缺失分析和项目分析结果(样本量：678)

测量项目	缺失率(%)	决断值	相关系数	测量项目	缺失率(%)	决断值	相关系数
A107	0.295	11.849	0.490	A118	0.295	15.681	0.542
A108	0.000	14.347	0.515	A119	0.147	15.134	0.526
A109	0.590	11.891	0.442	A120	0.737	12.992	0.476
A110	0.590	10.620	0.420	A121	0.442	15.159	0.506
A111	1.917	10.023	0.443	A122	0.295	15.376	0.539
A112	0.737	16.447	0.582	A123	0.147	14.559	0.549

续表

测量项目	缺失率（%）	决断值	相关系数	测量项目	缺失率（%）	决断值	相关系数
A113	0.885	16.217	0.550	A124	0.147	16.434	0.572
A114	1.180	15.853	0.563	A125	0.000	13.853	0.524
A115	0.737	17.336	0.598	A126	0.147	16.021	0.563
A116	0.147	16.334	0.567	A127	0.000	12.389	0.484
A117	0.147	16.367	0.572	A128	0.590	13.282	0.516

注：所有决断值和相关系数的显著水平都是 $p=0.000$。

4.3.3 效度分析

在效度分析中，本节将着重考察问卷的建构效度。建构效度(Construct Validity)用以检测问卷能否测量或者推论理论上的抽象概念。评估建构效度时，必须同时考虑相关理论与测量工具的配合。本研究采用探索性因素分析的方法，对问卷的建构效度进行初步检验。

根据项目分析的结果，我们将 22 个测量项目全部纳入因素分析。Gorsuch (1983)认为，因素分析的样本数应为项目数的 5 倍以上，并且样本数不得少于 100。根据这一要求，本研究因素分析的样本数应在 110 以上，并且样本数不得少于 100。本研究的探索分析部分共有 678 个样本，满足进行因素分析的最低样本量条件。

本节在采用主成分法进行因素抽取的同时，对原始因素负载系数进行最大方差垂直旋转变换(Varimax)①。结合因子特征根(Eigenvalue)的取值是否大于 1② 和碎石图③两个条件来确定因素抽取的最终个数。因素抽取的有效性检

---

① 主成分法，通过主成分分析的思想提取公因子，假设变量是各因子的线性组合。最大方差垂直旋转，在保证各因子正交的状态下，尽量使得各因子的方差差异达到最大，即相对的载荷平方和达到最大，从而方便对因子的解释。

② 特征根可以被看成是主成分影响力度的指标，代表引入该主成分后可以解释平均多少原始变量的信息。当特征根小于 1，说明该主成分的解释力度还不如直接引入一个原变量的平均解释力度大。因此，一般可以用特征根大于 1 作为纳入标准。

③ 碎石图(Scree Plot)，用于显示各因子的重要程度，其横轴为因子序号，纵轴表示特征根大小。它将因子按特征根从大到小依次排序，从中可以非常直观地了解到哪些是最主要的因子。前面陡峭的对应较大的特征根，相应的因子对原始信息的解释力较强；后面的平台对应较小的特征根，相应因子的解释力较弱。

验将采用 KMO 和球形 Bartlett 检验。KMO 用于检验变量间的偏相关性，取值在0～1之间。KMO 统计量越接近 1，变量间的偏相关性越强，因素分析的有效性越高。根据 Kaiser(1974)准则的要求，KMO 统计量大于 0.60 是进行因素分析的判断标准，大于 0.80 则表明项目间适合进行因素分析。Bartlett 检验用于判断各变量间的相关性，如果拒绝相关阵是单位阵的假设，则变量间具有较强的相关性，因子分析有效，否则反之。

本研究的因素抽取结果显示，KMO 统计量为 0.903，大于最严格的判断值 0.90，因子分析的效果很好。同时，Bartlett 球形检验拒绝各变量独立的假设，即变量间具有较强的相关性，因子分析的适用性检验通过。因此可以认为因素抽取结果具有很高的有效性。

碎石图能较为直观地反映各因子对原始信息的解释能力，如图 4-5 所示，前三个因子的散点位于陡坡上，而其余的散点则形成了平台。根据特征根大于 1 的因子选取原则，初步提取 5 个因子用于解释原始信息，各因子所对应的具体特征根值如表 4-4 所示。用于表示公因子从各测量项目中提取原始信息比例的指标——公因子方差比(Communalities)则分布在 0.346～0.688 之间，其中因子 1 的贡献率最高，为 12.55%，因子 5 的贡献率最低，为 9.36%，5 个因子的累积贡献率为 52.04%，略小于判断值 60%，仍属于可以接受的范围。

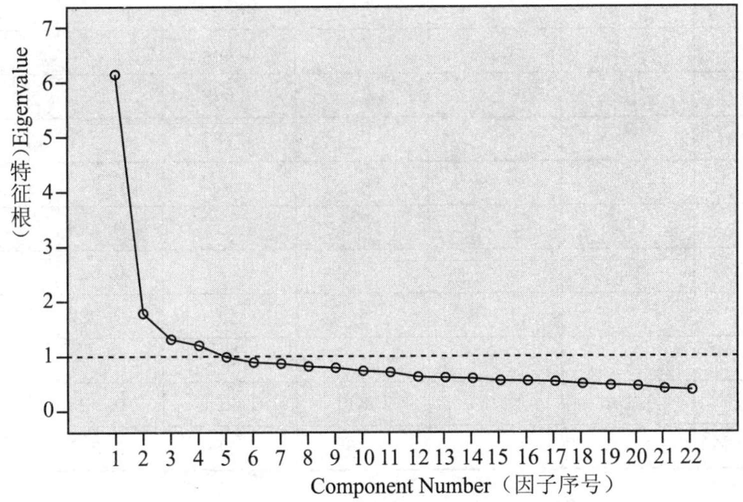

图 4-5　碎石图

表 4-4 探索研究测量项目因素抽取结果

测量项目	因子载荷					公因子方差比
	因子 1	因子 2	因子 3	因子 4	因子 5	
A108	0.494					0.505
A112	0.596					0.504
A113	0.656					0.509
A114	0.688					0.576
A115	0.768					0.669
A128		0.499				0.404
A123		0.601				0.461
A125		0.683				0.536
A124		0.796				0.688
A126			0.547			0.443
A121			0.660			0.505
A127			0.680			0.533
A122			0.724			0.597
A117				0.509		0.487
A120				0.583		0.501
A118				0.673		0.615
A119				0.781		0.668
A110					0.542	0.346
A107					0.594	0.466
A111					0.620	0.455
A109					0.727	0.555
A116						0.424
特征根	6.156	1.787	1.311	1.201	0.993	
解释方差(%)	12.547	10.783	9.963	9.380	9.361	52.035

因素分析对各因子所包含测量项目的因子载荷①有一定的要求。测量项目 A116 的因素负荷量小于 0.5，未包含在任何因子中，故在后续的分析中也将其删除。

在删除测量项目 A116 后，初步将量表中的 21 个测量项目抽取为 5 个因子，作为结构方程模型的结构变量，纳入结构方程模型分析，并根据各因子所描述的测量项目内容，对其进行如表 4-5 所示的命名。

表 4-5　各因子名称及对应测量项目

因子名称	因子序号	包括测量项目
开发企业认知(*DI*)	因子 1	A108、A112、A113、A114、A115
交易合约履行(*PS*)	因子 2	A123、A124、A125、A128
产品未来期望(*PE*)	因子 3	A121、A122、A126、A127
住房产品认知(*PI*)	因子 4	A117、A118、A119、A120
开发企业经验(*DE*)	因子 5	A107、A109、A110、A111

4.3.4　信度分析

在经过效度分析删除测量项目 A116 后，为进一步了解问卷的可靠性和稳定性，本节对余下的 21 个项目进行信度检验。

信度分析是用来检验可观测变量的方差对潜变量的解释程度，即问卷中各量表构成的一致性和稳定性。信度越大，说明用于解释一个潜变量的各观测变量具有共方差的程度越高。在李克特量表中常用的信度检验方法为克朗巴哈 α 系数(Cronbach's α 系数)，α 系数越高，量表的可靠性越高。通常情况下，Cronbach's α 系数大于 0.8 都是可以接受的，表明量表具有良好的内部一致性。除了对量表整体进行信度检验，对各结构变量内部的子量表 Cronbach's α 系数也应进行相应的检验。

除 Cronbach's α 系数外，对问卷的信度检验还应参考“偏 α 系数(Cronbach's α if Item Deleted)”和“测量项目对所有测量项目的相关系数(Item-Total)”。偏 α 系数是指量表在去掉某个测量项目之后的 Cronbach's α 系数。

① 因子载荷，用于反映因子和各个变量间的密切程度。当各因子间完全不相关时，因子载荷值就等于因子与各个变量的相关系数。它的绝对值越大，说明该因子对当前变量的影响程度越大。

量表所测量项目的偏 α 系数均低于该量表的 α 系数时，表明去掉任何一个测量项目都会使量表的信度降低，从而可以论证量表构成具有可靠性。保留在变量测度项中的测量项目对所有测量项目的相关系数应大于 0.35(Nunnally et al.，1994)。

本节采用 Cronbach's α 系数、偏 α 系数和“测量项目对所有测量项目的相关系数”进行检验，同时对量表整体和各结构变量子量表内部进行信度检验，以确保量表内部结构的一致性程度。

经计算，包含 21 个项目的量表整体 Cronbach's α 系数为 0.863，大于判断标准 0.8。表 4-6 给出了各变量的平均值、标准差和信度系数值(Cronbach's α 系数)，各结构变量的子量表 α 系数在 0.60～0.72 之间，亦大于判断标准 0.6。问卷整体内在信度较好。

由表 4-6 可知，5 个结构变量对应的量表 α 系数在 0.596～0.777 之间，均大于或接近判断值 0.6；各个测量项目的偏 α 系数均低于其所属量表的 α 系数，说明这些测量项目全部应该保留在量表中。这样，我们就可以认为调查问卷的设计具有合理性，结构方程模型中各结构变量对应的观测变量是可靠的。

表 4-6 样本可靠性分析结果

结构变量	结构变量子量表信度	测量项目	项目与总量表的相关系数	偏信度	测量项目	项目与总量表的相关系数	偏信度
	0.777	A108	0.466	0.857	A114	0.496	0.856
DI	0.855		A112	0.526	0.855	A115	0.544
			A113	0.479	0.856		
PS	0.692	A123	0.466	0.856	A125	0.459	0.857
		A124	0.503	0.855	A128	0.454	0.857
PE	0.681	A121	0.430	0.858	A126	0.489	0.855
		A122	0.438	0.859	A127	0.404	0.859
PI	0.697	A117	0.514	0.855	A119	0.466	0.856
		A118	0.499	0.856	A120	0.391	0.860
DE	0.596	A107	0.422	0.858	A110	0.340	0.861
		A109	0.363	0.860	A111	0.372	0.860

至此，在完成了项目分析、效度检验和信度检验后，我们可以认为调查问

卷的设计具有合理性，模型中各结构变量对应的观测变量可靠，各量表的信度较高，变量之间具有较高的内部结构一致性。

4.4　实证分析

4.4.1　变量多重共线性检验

结构方程模型分析中，由于变量数目较多，同时某些变量之间的相关系数很高，使得多重共线性(Multicollinearnality)的情况比较普遍。多重共线性可能会造成数学估计程序的非正定问题，或者迭代无法收敛(Kline，1998)。本文使用方程膨胀系数(Variance Inflation Factor，VIF)，对观测变量之间的多重共线性问题进行检验，并以 VIF 大于 10 为变量具有明显的多重共线性的检验标准(Myers，1990)，计算结果如表 4-7 所示。

表 4-7　多重共线性检验结果

变量	均值	标准差	VIF	变量	均值	标准差	VIF
A107	1.839	0.867	1.391	A119	1.941	0.874	1.574
A108	1.563	0.686	1.550	A120	2.240	1.010	1.393
A109	1.995	0.869	1.294	A121	2.297	0.985	1.383
A110	1.983	0.854	1.209	A122	2.647	1.256	1.450
A111	2.526	0.771	1.272	A123	2.248	1.036	1.401
A112	1.784	0.728	1.616	A124	2.153	0.882	1.691
A113	1.918	0.820	1.463	A125	1.968	0.818	1.502
A114	1.857	0.779	1.592	A126	2.200	0.968	1.439
A115	1.649	0.687	1.853	A127	2.469	0.985	1.384
A117	1.843	0.815	1.508	A128	1.905	0.801	1.365
A118	1.676	0.715	1.607				

从表 4-7 的结果可以看到，观测变量的 VIF 值在 1.209～1.853 之间，均小于判断值 10。因此，可以认为探索研究的变量间不存在多重共线性问题。在这种情况下，可以使用 Amos 5 软件进行结构方程模型分析。

4.4.2 SEM模型检验指标

结构方程模型的检验主要分为整体模型、测量模型和结构模型检验三个步骤。对于整体模型的检验，可以将拟合指标作为评价依据。对于测量模型的检验，一是要分析各观测变量对相应结构变量负载的显著性；二是要分析各结构变量的信度和析出方差。对于结构模型的检验，则主要是考察各结构变量之间路径系数的显著性。

在相关文献中先后出现了四十多种拟合指标，用于评价和选择模型。按照拟合指标的功能，可以将其分为绝对指标、相对指标和简约指标三类(侯杰泰等，2004)。本研究选取了在相关文献中使用较为普遍的拟合指标及其判断值(表4-8)，其中，多数指标判断值的公认度较高(Hair et al.，1998)。

表4-8 结构方程模型拟合指标及其判断值

指标类型	指标名称	符号	判断值
绝对指标	卡方统计量	χ^2	$P<0.05$(显著)
	近似均方根残差	RMSEA	<0.080(McDonald et al.，2002)
	标准化残差方根	RMR	<0.080(Hu et al.，1999)
	拟合优度指数	GFI	>0.90(Benler，1990)
	调整拟合优度指数	AGFI	>0.90(Benler，1990)
相对指标	非规范拟合指数	NFI	>0.90(Bentle et al.，1980)
	比较拟合指数	CFI	>0.90(Benler，1990)
简约指标	简约拟合优度指数	PGFI	>0.90(Benler，1990)
	卡方自由度比	χ^2/df	<3(Kline，1998)

4.4.3 基础SEM模型分析

根据问卷数据的初步分析，本研究认为基于消费者的开发企业偏好模型是一个多维度模型，其结构要素包括：开发企业认知(DI)、交易合约履行(PS)、产品未来期望(PE)、住房产品认知(PI)和开发企业经验(DE)。

由于理论研究方面尚未建立以住房产品为研究对象的理论体系，为此，本研究提出两种基础模型，拟通过实证分析的结果检验其理论假设的合理性。在基础SEM模型Ⅰ(图4-6a)中，假设各结构变量间不存在相互作用，仅通过自身变化直接影响消费者的购买意愿(WTB)。基础SEM模型Ⅱ(图4-6b)，则假设结构变量间存在相互作用关系。根据第 4.2.1 节的分析，消费者对开发企业的偏好基于两方面，一是开发企业本身的情况；二是对产品的了解情况。因此，将五个结构变量按其表征类别的不同分为两类，建立层次关系。

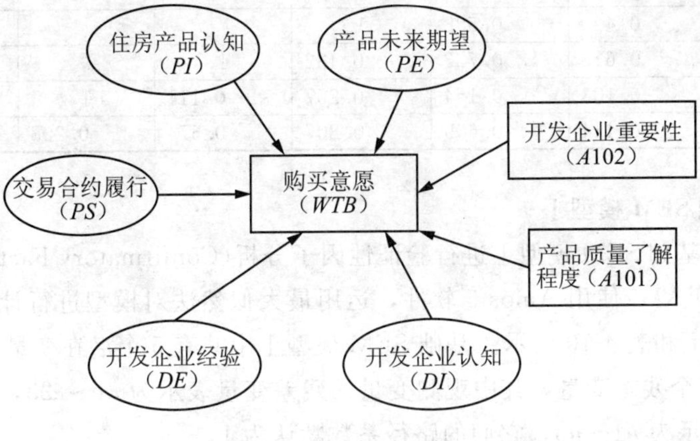

(a) 基础SEM模型Ⅰ

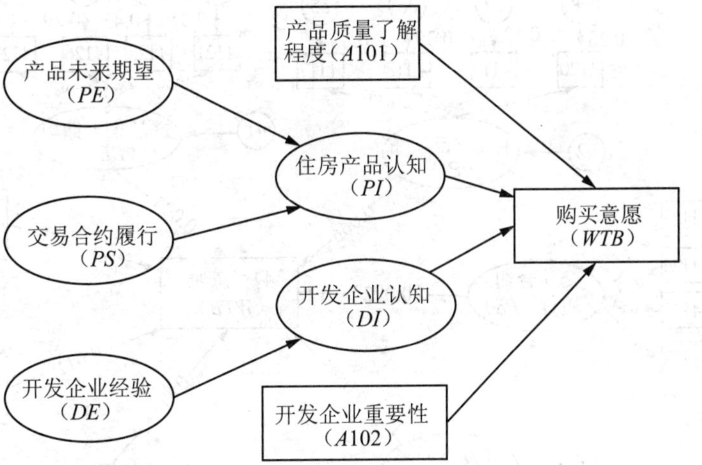

(b) 基础SEM模型Ⅱ

图 4-6　两种基础 SEM 模型

通过问卷得出的指标难免存在一定的误差，要使指标值完全匹配模型几乎是不可能的，因此通过残差变量(Residual Variance)的引入，能够保证模型验证过程的有效性，进而证明概念模型的成立。各变量间的相关系数如表 4-9 所示。

表 4-9 各结构变量间的相关系数分析

	PE	PS	DE	PI	A102	DI
PE	1					
PS	0.668	1				
DE	0.4	0.598	1			
PI	0.618	0.722	0.432	1		
A102	0.103	0.154	0.257	0.111	1	
DI	0.444	0.609	0.807	0.57	0.208	1

1. 基础 SEM 模型Ⅰ

首先对基础 SEM 模型Ⅰ进行验证性因子分析(Confirmatory Factor Analysis，简称 CFA)，使用 Amos 5 软件，运用最大似然法对模型进行计算，估计结果如图 4-7 和表 4-10 所示。基础 SEM 模型Ⅰ中共有 5 个潜在变量，23 个观测变量，28 个残差变量，其中观测变量的残差变量表示为 $e1 \sim e23$，潜变量的残差变量表示为 $u1 \sim u5$，它们的路径系数默认为 1。

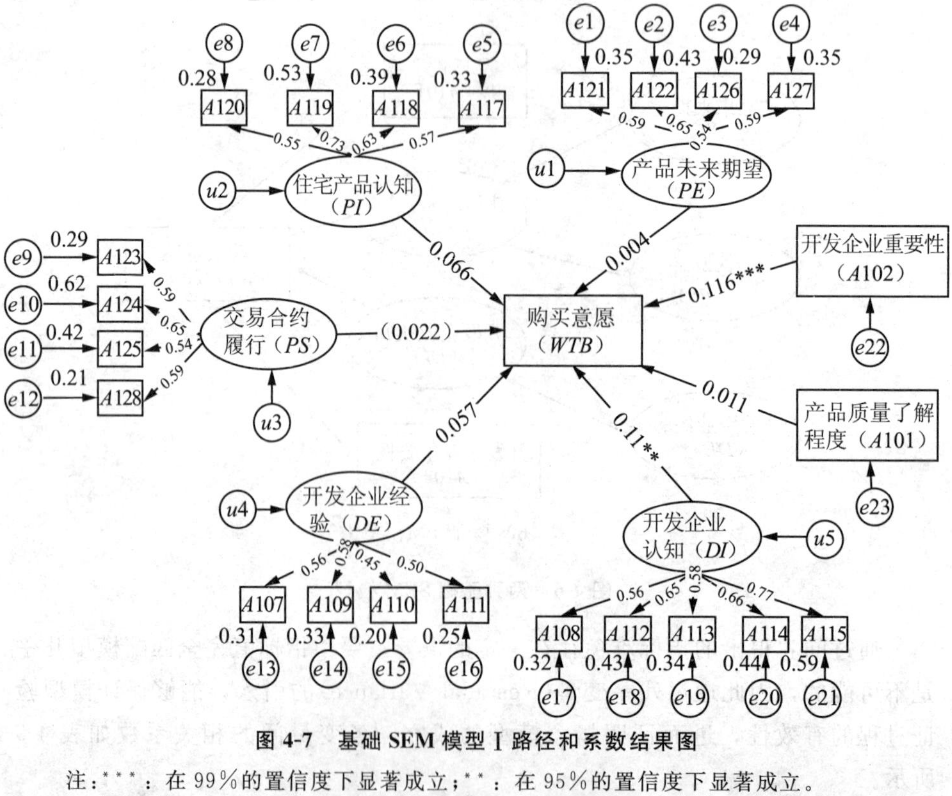

图 4-7 基础 SEM 模型Ⅰ路径和系数结果图

注：***：在 99%的置信度下显著成立；**：在 95%的置信度下显著成立。

表 4-10　基础 SEM 模型Ⅰ拟合检验结果

类别	模型拟合指标	参考值	基础 SEM 模型Ⅰ	类别	模型拟合指标	参考值	基础 SEM 模型Ⅰ
模型拟合	χ^2	>0	1 414.154*	绝对适度	GFI	≥0.90	0.820
	P	≤0.05	0.000*		AGFI	≥0.80	0.782
	df	>0	249*	相对适度	NFI	≥0.90	0.635
	χ^2/df	≤3	5.702		CFI	≥0.90	0.675
	RMSEA	≤0.06	0.098	节约适度	PNFI	≥0.50	0.57*
	RMR	≤0.05	0.133		PGFI	>0.90	0.678

注：* 表示模型拟合指标检验通过。

由表 4-10 的检验结果可知，12 个统计指标仅中有 4 个满足标准值的要求，且主要的统计指标 χ/df、CFI 和 NFI 均不满足要求，这说明基础模型的构造存在较大问题。

进一步考察基础 SEM 模型Ⅰ变量间的内、外部关系时发现(图 4-7)，除开发企业重要性(*A*102)和开发企业认知(*DI*)外，其他变量与购买意愿(*WTB*)之间的路径系数均未通过 t 统计量检验。这说明基础 *SEM* 模型Ⅰ中对各变量间关系的构造存在较为严重的问题。同时，住房销售过程(*PS*)和购买意愿(*WTB*)之间的路径系数为负数，产品期望(*PE*)以及对产品质量了解情况(*A*102)与购买意愿(*WTB*)之间的路径系数均接近于 0(前者为 0.004，后者为 0.011)，均说明对于结构变量仅通过自身变化而直接影响购买意愿(*WTB*)的假设存在偏误；同时也验证了基础 SEM 模型Ⅱ理论假设的可行性，即：结构变量间存在相互影响关系。

2. 基础 SEM 模型Ⅱ

选择与基础 SEM 模型Ⅰ相同的估计方法和模型拟合指标，对基础 SEM 模型Ⅱ进行估计，模型拟合检验结果如表 4-11 所示。

表 4-11　基础 SEM 模型Ⅱ的拟合检验结果

类别	模型拟合指标	参考值	基础 SEM 模型Ⅰ	基础 SEM 模型Ⅱ
模型拟合	χ^2	>0	1 414.154*	1 155.906*
	P	≤0.05	0.000*	0.000*
	df	>0	249*	226*

续表

类别	模型拟合指标	参考值	基础 SEM 模型Ⅰ	基础 SEM 模型Ⅱ
模型拟合	χ^2/df	≤2	5.702	5.115
	RMSEA	≤0.06	0.098	0.078
	RMR	≤0.05	0.133	0.121
绝对适度	GFI	≥0.90	0.820	0.858
	AGFI	≥0.80	0.782	0.827*
相对适度	NFI	≥0.90	0.635	0.698
	CFI	≥0.90	0.675	0.74
节约适度	PNFI	≥0.50	0.57*	0.624*
	PGFI	>0.90	0.678	0.703
	AIC		1 518.154	1 255.906*

注：* 表示模型拟合指标检验通过。

由表 4-11 可知，χ^2/df 和 AIC 均有较大的改善，但仍未通过检验，同时其他拟合指标也未满足标准值的要求，基础 SEM 模型Ⅱ尚存在改进的空间。

4.4.4 竞争 SEM 模型分析

本节根据 AMOS 输出结果中的调整指数(Modification Index，MI)对基础 SEM 模型Ⅱ的路径关系进行调整。MI 指数表示放开相应路径的约束后(即建立一条新路径)，模型对数据拟合指标 χ^2 的改进情况。这是一种通过试验性的调整，增加模型和数据之间拟合优度的方法。一般情况下，模型的调整应以理论依据为主，不应根据数据分析结果进行。但由于本研究理论分析中并未对变量间的路径关系做出严格界定，仅根据层次关系进行了简单说明，而且文献中尚无可借鉴的实证研究结论，因此本节根据 MI 的结果对基础 SEM 模型Ⅱ进行调整，并构建竞争模型。

按照一次只进行一个修正的原则，根据 MI 对模型修正的建议，选取指数值最大且具有实质理论意义的路径进行调整，依次构建竞争模型 CM1～CM6。各竞争模型的修正过程如图 4-8 所示，模型拟合检验结果如表 4-12 所示。

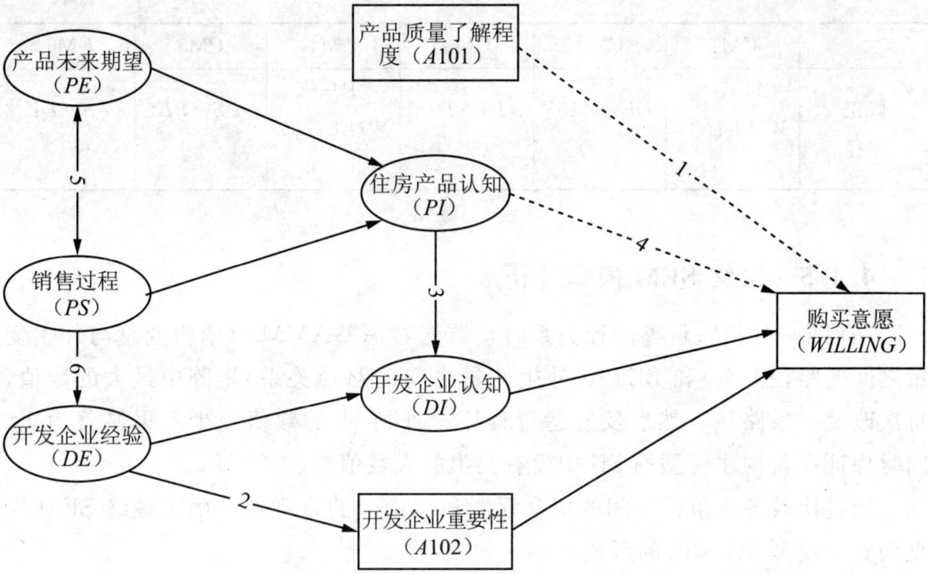

图 4-8　竞争模型路径修正过程图

表 4-12　竞争模型(CM)拟合检验结果

	CM1	CM2	CM3	CM4	CM5	CM6
χ^2	929.792	894.501	798.348	798.863	657.453	534.893
P	0.000	0.000	0.000	0.000	0.000	0.000
df	225	225	224	225	224	223
χ^2/df	4.132	3.976	3.564	3.551	2.935	2.399
RMSEA	0.068	0.066	0.062	0.061	0.053	0.045
RMR	0.113	0.111	0.096	0.096	0.071	0.035
GFI	0.892	0.898	0.908	0.908	0.925	0.936
AGFI	0.868	0.875	0.886	0.887	0.908	0.920
NFI	0.757	0.766	0.792	0.791	0.828	0.86
CFI	0.803	0.813	0.839	0.840	0.879	0.913
PNFI	0.673	0.682	0.701	0.747	0.733	0.758
PGFI	0.728	0.732	0.737	0.740	0.751	0.756
AIC	1 031.792	996.501	902.348	900.863	761.453	640.893

续表

	CM1	CM2	CM3	CM4	CM5	CM6
修正路径	*A*101→*WILLING*（－）	*DE*→*A*102（＋）	*PI*→*DI*（＋）	*PI*→*WILLING*（－）	*PS*↔*PE*（＋）	*PS*→*DE*（＋）

4.4.5 最终SEM模型分析

在根据MI指数调整路径关系时，首先考虑GAMMA（内生变量与外生变量之间的路径关系）和BETA（外生变量之间的路径关系）矩阵中最大的数值，每次改变一条路径，然后反复运行程序，直到χ^2的数值减少不再显著为止。同时保证在新构建模型的MI中没有突出的大数值。

通过比较各竞争模型间的拟合程度和理论上的合理性，确定最终SEM模型为竞争模型6（CM6）的形式。

1. 整体模型分析

由表4-12中给出的最终SEM模型的整体拟合优度指标可以看出，样本的卡方值（χ^2）十分显著，卡方自由度比（χ^2/df）为2.399，满足小于判断值3的要求。同时其他指标也比较理想，其中，RMSEA和RMR均小于判断值0.05；GFI、AGFI和CFI均大于判断值0.90。总体而言，多数指标均在可以接受的范围内，概念模型的拟合情况令人满意。

2. 路径分析

表4-13列出了各结构变量的路径系数，所有荷载都小于1，且所有路径系数均具有很强的显著性。最终SEM模型中各结构变量间的路径关系如图4-9所示。

表4-13　各结构变量间的荷载系数估计结果

	荷载	S. E.	C. R.	P	标准化系数
PS→*PI*	0.691	0.112	6.19	0.000	0.559
PE→*PI*	0.225	0.076	2.949	0.003	0.244
PS→*DE*	0.518	0.069	7.536	0.000	0.598
DE→*DI*	0.93	0.118	7.866	0.000	0.69
DE→*A*102	0.718	0.137	5.233	0.000	0.257
PI→*DI*	0.257	0.058	4.464	0.000	0.272
PS↔*PE*	0.164	0.021	7.884	0.000	

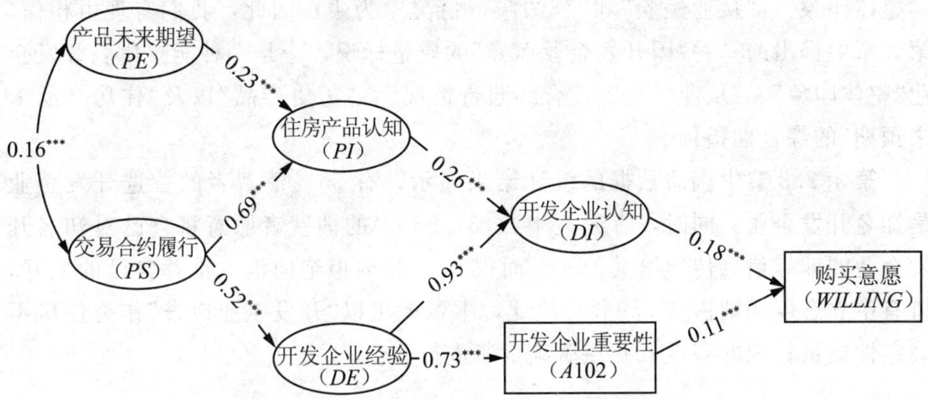

图 4-9　最终 SEM 模型路径图

注：＊＊＊表示……。

3. 影响效应分析

最终 SEM 模型中的路径系数反映了结构变量间的直接效应系数，表 4-14 则给出了各结构变量间的总效应影响系数。

由表 4-14 的结果可知，各结构变量对消费者购买意愿(*WTB*)的影响效应从高到低依次为：开发企业重要性(*A*102)、开发企业经验(*DE*)、开发企业认知(*DI*)、交易合约履行(*PS*)、产品情况认知(*PI*)以及产品未来预期(*PE*)。进一步分析可知，与开发企业相关的结构变量(*A*102、*DE*、*DI*、*PS*)对购买意愿的影响效应均大于与产品相关的结构变量(*PI*、*PE*)。

表 4-14　各结构变量间总效应影响标准化系数

	PS	*PE*	*DE*	*PI*	*A*102	*DI*
DE	0.598					
PI	0.559	0.244				
*A*102	0.154		0.257			
DI	0.564	0.066	0.690	0.272		
WTB	0.121	0.010	0.162	0.043	0.211	0.157

4. 结果分析

由结构方程模型的分析结果可知，消费者对开发企业的偏好，主要表现为对企业“整体印象”、“从业经验”、“合约履行情况”、“历史产品”以及“住房产品未来预期”五个方面的偏好，其中又以表征开发企业自身行为差异的因素

(“整体印象”、“从业经验”和“合约履行情况”)为主。因此，我们有理由相信，第 3 章中提出的一种“因开发企业而异”的质量标识，应是一种能够代表开发企业“整体印象”、“从业经验”、“合约履行情况”、“历史产品”以及“住房产品未来预期”的综合性指标。

第 4.2.3 节中调研数据的统计结果显示，有 75%消费者的首选开发企业是知名开发企业。同时，有超过半数(57.96%)的消费者愿意将自己对知名开发企业的偏好信息传递给其他人，而仅有 3.45%拒绝向他人推荐自己的偏好，持有中立态度的则占 38.59%。故此，本章提出以“开发企业声誉”作为住房不确定性质量标识的假设，并在后续章节进行验证。

4.5 小结

本章的主要结论如下：

①消费者通过对开发企业“整体印象”、“从业经验”、“合约履行情况”、“历史产品”以及“住房产品未来预期”五个因素的了解，来判断企业所供应住房的不确定性质量水平。对开发企业的选择已成为住房选择中继价格和区位条件之后的又一重要条件。消费者在进行住房选择时，存在“因开发企业而异”的偏好。从开发企业自身的行为特征上看，这种偏好表现为对整体印象好、从业经验丰富以及能够如约履行合同的企业的青睐。从产品方面看，消费者倾向于选择历史产品质量较好，以及住房质量未来预期较好的开发企业。

②消费者存在对具有较高声誉的开发企业的偏好，因此本书提出“开发企业声誉”具备成为“住房不确定性质量”的显性标识的待检验命题。当前住房市场中，消费者对知名开发企业的声誉已经形成了基本共识，并在住房选择中表现出对声誉较高开发企业所供给的住房的偏好，同时愿意将形成这种偏好的信息与其他消费者共享。住房不确定性质量的标识应是一种能够反映企业“整体印象”、“从业经验”、“合约履行情况”、“历史产品”以及“住房产品未来预期”的综合性指标。若“开发企业声誉”具备上述反映消费者偏好的特性，则其能够成为表征住房不确定性质量的标识。

第 5 章 住房不确定性质量的标识

第 4 章的研究结果表明，消费者对具有较高声誉的开发企业所开发的住房具有较高的主观支付意愿，“开发企业声誉”可以作为住房不确定性质量的显性标识。本章将从开发企业和消费者客观信息入手，探寻具有哪些特征的开发企业能够享有较高的声誉，进一步从客观上验证“开发企业声誉”能够标识住房不确定性质量的水平。

5.1　研究思路与方法

5.1.1　研究思路

选择理论指出，选择行为主要受选择对象和选择者的影响，而有关选择问题的研究也基于这两个方面展开(Axel，1987)。具体到本研究中，有关选择对象的研究是指对知名开发企业特征的研究，即开发企业现状研究；有关选择者的研究是指对愿意购买知名开发企业产品的消费者特征的研究，即消费者意愿研究。本章在对开发企业和消费者进行特征分析的基础上，从这两个方面分别展开对质量标识问题的选择研究。

1. 开发企业现状研究

开发企业现状研究将包括三个层次：首先，通过建立声誉排序模型归纳知名开发企业的特征规律。其次，在第 4 章的估计系数模型中，引入声誉排序模型中表现显著的开发企业特征，以求证开发企业特征对应“因开发企业而异”属性的影响规律。最后，将开发企业特征引入基础 Hedonic 模型中，考察开发企业特征对住房价格的影响规律，从而求证知名企业代表的开发企业特征确实能够反映消费者“因开发企业而异”的偏好，并对住房价格的构成存在显著影响。

2. 消费者意愿研究

Bagozzi 和 Baumgarten 通过对消费者行为的理论与实证研究证明，消费者的购买意愿是对购买行为倾向的有效度量(Bagozzi et al.，1989)。McQuarrie 同样证明了这一点，并发现在高额商品(例如住房)的购买中更是如此(McQuarrie，1988)。本章将延用这一研究思路，首先采用离散且具有排序性质的变量度量消费者对知名企业产品购买意愿的强烈程度，然后通过建立消费者对知名企业购买意愿排序模型，分析消费者特征对购房意愿(*WTB to Buyer*，*WTB*)的影响，进而实现消费者特征对选择知名开发企业住房的行为分析。

5.1.2 研究方法

本章将采用多元排序选择模型(Ordered Choice Model)和特征价格模型进行实证研究分析。其中，特征价格模型的构建方法同第 3 章中基础 Hedonic 模型一致，详见第 3.4 节，此处不再赘述。下文主要介绍多元排序选择模型的构建方法。

在多元排序选择模型中，因变量具有水平数大于 2，且各水平之间存在等级递减或等级递增关系的特点，需选用累加 Logit 模型(Cumulative Logits Model)进行分析。该模型的研究思路是，除一个对照水平外，需将每一分类与对照水平进行比较，拟合 $K-1$ 个累加 Logit 模型。

以因变量为一个五分类有序变量为例，说明排序选择模型的回归方法，即应同时拟合以下四个模型：

$$\log \text{it} \frac{\pi_1}{1-\pi_1}=\log \text{it} \frac{\pi_1}{\pi_2+\pi_3+\pi_4+\pi_5}=-\alpha_1+\beta X \tag{5-1}$$

$$\log \text{it} \frac{\pi_1+\pi_2}{1-(\pi_1+\pi_2)}=\log \text{it} \frac{\pi_1+\pi_2}{\pi_3+\pi_4+\pi_5}=-\alpha_2+\beta X \tag{5-2}$$

$$\log \text{it} \frac{\pi_1+\pi_2+\pi_3}{1-(\pi_1+\pi_2+\pi_3)}=\log \text{it} \frac{\pi_1+\pi_2+\pi_3}{\pi_4+\pi_5}=-\alpha_3+\beta X \tag{5-3}$$

$$\log \text{it} \frac{\pi_1+\pi_2+\pi_3+\pi_4}{1-(\pi_1+\pi_2+\pi_3+\pi_4)}=\log \text{it} \frac{\pi_1+\pi_2+\pi_3+\pi_4}{\pi_5}=-\alpha_4+\beta X \tag{5-4}$$

模型中 π_1、π_2、π_3 和 π_4 分别为因变量取第一分类至第四分类时的概率，而第五分类则作为用于对比的基础水平。实际上，这种模型是依次将因变量按不同的取值水平分割成两个等级，对这两个等级建立因变量为二分类的 Logistic 回归模型。不管模型中因变量的分割点在什么位置，模型中各自变量的系数阵 β 均保持不变，改变的只是常数项 α_i。此时求出的 OR 值是自变量每改变一个单位，因变量提高一个及一个以上等级的概率比。

5.2　交易双方特征因素分析

5.2.1　开发企业特征

由第 4 章结构方程模型的分析结果可知，能够成为质量标识的知名开发企业应具有整体水平较高、从业经验丰富、能够履行交易合约等特征。从开发企业的客观属性来看，企业资质、企业性质、从业经验等因素能够对上述认识过程的形成均产生影响。其中一些影响因素通常难以由单一变量直接反映，需由其他开发企业属性间接反映。

1. 企业资质

企业资质等级证书(以下简称企业资质)是由各级政府主管部门根据一定标准，经对企业资质情况审核后，颁发的表征开发企业资质水平的综合性证书。资质等级按照企业条件分为一级、二级、三级、四级，其中以一级资质为最优。根据《房地产开发企业资质管理规定》(建设部[2000]第 77 号令)，“未取得房地产开发资质等级证书的企业，不得从事房地产开发经营业务”，因此能否取得企业资质可以视为进入住房市场的行业壁垒之一。房地产开发企业资质实行分级审批制度，一级资质由省、自治区和直辖市人民政府建设行政主管部门初审，并报国务院建设行政主管部门审批。二级及以下资质由省、自治区和直辖市人民政府建设行政主管部门自行审核。具体的审核标准如表 5-1 所示。

企业资质根据企业在经营过程中的客观表现核定，能够综合反映企业在行业内的地位。作为一种经由政府审核后颁发的资质证书，其公信力不言而喻，具有较强的客观性。企业资质的审核内容包括企业历史开发情况、工程质量、从业员工的专业技术水平等方面，也正是第 4 章中归纳的对消费者的开发企业偏好形成具有显著影响的因素。因此开发企业资质情况对企业能否成为消费者心中的知名企业具有一定的正向效应。即，企业的资质等级越优，成为知名企业的概率越高。

表 5-1 开发企业资质审核标准

企业资质	注册资本	从业年限	历史开发情况	工程质量	员工职称结构及人数
一级	不低于5 000万元	5年以上	近3年累计竣工面积30万平方米以上，上年施工面积15万平方米以上	连续5年100%合格	有职称人数不少于40人，其中中级以上不少于20人等
二级	不低于3 000万元	3年以上	近3年累计竣工面积15万平方米以上，上年施工面积10万平方米以上	连续3年100%合格	有职称人数不少于20人，其中中级以上不少于10人等
三级	不低于800万元	2年以上	累计竣工面积5万平方米以上	连续2年100%合格	有职称的专业管理人员不少于10人，其中具有中级以上职称不少于5人等
四级	不低于100万元	1年以上		已竣工项目100%合格	有职称的专业管理人员不少于5人

注：根据《房地产开发企业资质管理规定》(建设部[2000]第77号令)整理。

2. 企业性质

企业性质是指开发企业获取经营执照时，在工商行政管理部门登记注册的类型，体现了企业资产所有者类型。按《中华人民共和国企业法人登记管理条例》规定，企业性质可以划分为五类，共16种形式。

企业性质在一定程度上反映了开发企业的经营战略，而声誉战略作为现代企业经营战略的一种方式，在不同程度上也会受到企业性质的影响。例如，国有经济企业，全部资产归国家所有，企业盈利情况与个人利益无直接关系，故其发展战略可能不以获取更高的利润为前提，因此可能因缺乏市场竞争意识，而减少对产品内在质量的开发，难以提供令消费者满意的产品形态。同时，由于这类企业通常具有政府支持的背景，企业决策者鲜见会因追求短期利益而产生道德风险的动机，即采取“低质高价”的极端策略。对于企业投资额中存在一定比例境外资金的外资企业，公司战略多以利润最大化为目的，同时具有引进国外先进技术的便利条件，其住房产品的质量通常会高于市场整体水平，容易获取消费者的青睐。

3. 从业经验

从业经验反映了开发企业的技术水平。通常而言，从业经验越丰富的企业，其产品质量越好，成为知名企业的概率越高。但企业从业经验难以用单一指标来度量，通常由其他属性间接反映，如从业时间和历史开发量。这两种属性分别从时间和数量两个维度上反映了开发企业的从业经验。从业时间越长，企业经验越丰富，拥有良好声誉的时间也相对越长，并能够形成企业独特的产品特点和风格，更容易被消费者所青睐，企业成为知名企业的概率越大。历史开发量从数量的维度更具体地反映了企业从业经验。

4. 地域范围

反映开发企业主要项目的地域范围。住房开发属于一种区域性较强的经营活动，市场进入壁垒较大，跨区域开发对企业自身的经营能力挑战较大。因此，城市层面的住房市场中主要以本地开发企业为主。但随着我国住房市场的不断发展壮大，目前已经出现了一些行业内的领军企业，同时鉴于国内主要城市住房市场竞争日趋激烈，一种通过成立子公司而进入异地市场的运营模式已经被部分实力强大的企业付诸实践。异地开发对企业自身的挑战较大，不仅需要企业具有雄厚的资金实力，同时还要求企业对当地市场发展趋势的准确把握、完善的管理体系，以及一定数量的沉没成本支出。通常能够成功实施异地开发，标志着开发企业进入了一个新的发展阶段。异地开发的成功，能为企业带来更广泛的知名度，有助于提高消费者对企业声誉的认知度和认可度。但同时，异地开发的失败也将给企业带来更多的损失，如沉没成本和机会成本损失。

综上所述，开发企业现状研究中的待检验命题可以具体如表 5-2 所示。

表 5-2　开发企业现状研究待检验命题

研究内容	命题编号	命题次编号	考察内容	命题设定
开发企业现状研究	H1		影响开发企业声誉等级排序的因素	
		H1.1	企业资质	企业资质越好，产品质量水平越好，成为知名企业的概率越高

续表

研究内容	命题编号	命题次编号	考察内容	命题设定
开发企业现状研究		H1.2	企业性质	企业性质对声誉形成的影响不明显
		H1.3	从业经验	历史开发量越多、成立年限越久，声誉的认知度越广，成为知名企业的概率越高
			地域范围	全国性企业成为知名企业的概率较高
	H2			影响“因开发企业而异”的特征价格的因素
		H2.1	开发企业特征	对声誉等级排序模型影响显著的因素，亦对“因开发企业而异”的特征价格存在影响，且方向相同
	H3			影响住房特征价格的因素
		H3.1	开发企业特征	对声誉等级排序影响显著的因素，亦对住房特征价格存在影响，且方向相同

5.2.2 消费者特征

影响消费者对某一特定类型住房产品(如知名开发企业开发的住房)购买意愿的因素，主要包括三类：消费者的支付能力、个人偏好以及考虑社会互动的群体偏好。

1. 消费支付能力特征

此类影响因素通常与消费者的收入和所拥有的财富情况有关。

收入体现了消费者购买住房的支付能力和风险偏好。由第2章的理论分析可知，消费者的住房偏好选择是建立在一定预算约束下的效用最大化问题，而收入是家庭预算中的重要决定因素。同时收入越高的家庭，抵御风险的意识越强，更倾向于购买知名企业的产品，以降低未来不确定性质量的风险。由于住房属于一种耐用品，家庭拥有和使用它的时间较长，因此购买住房的决策属于长期决策，起决定性作用的收入应表现为家庭持久收入。但同时，由于住房消费价值量较大，消费者难以完全依靠自有资金完成，多采用抵押贷款的购买形式，因此影响月还款额的当前收入对住房消费选择也将产生一定影响。

由于住房消费价值量较大，消费者无论是采用自有资金还是借助金融工具实现住房消费，均需使用当前储蓄来完成一笔较大数额的支出（全款或首付款）。因此，消费者拥有的存量形式的财富的情况也会影响住房消费选择。

消费者拥有财富的来源渠道有多种，包括收入的积累、财产的继承和赠与等。因此收入与财富间存在一定的正向相关性，但收入却仅能代表财富的一部分信息而非全部。

2. 个人偏好

传统的消费者选择偏好理论认为，消费者个体因素对购买行为决策存在影响。由于偏好难以直接用变量来描述，所以一般采用反映家庭生命周期的人口统计特征间接反映，例如年龄、家庭人口组成、婚姻状态、户口情况等。

3. 社会互动因素

社会互动因素主要强调的是消费者在进行居住选择时受社会群体成员之间的互动影响，即居住分割效应。人与人之间的偏好差异是导致群分效应的最为简单而直接的原因。这方面原因往往与心理学和社会学方面的因素有关。例如，人们在消费中表现出的同群效应（Peer Effect）、求异效应（Distinction Effect）和渴望效应（Aspiration Effect）就属于纯粹心理方面的非市场互动（Miller et al.，1993）。纯粹偏好（心理）的原因可能直接导致群分效应。收入就是影响这类偏好的一种因素，这是基于人们具有与同收入水平的人共同居住的心理和偏好，因此会产生基于收入的居住区分割。住房市场中也借鉴了社会互动因素来解释消费者对于居住地的选择问题。Epple 等人（Epple et al.，1991）在假定家庭效用取决于家庭偏好、公共品消费量、住房商品消费量和其他私人消费品数量之后，证明了因收入而产生的居住分割的存在：不同收入的家庭按其偏好处于严格的分割状态，不同社区的居民收入之间不存在相互重叠。Bayer 等人（Bayer et al.，2004；2005）用数值模拟的方式讨论了住房市场均衡和居住区的分割对于不同人群的影响，得到类似的结论。由于消费者之间无法了解他人收入水平的情况，可以假设，消费者通过选择知名开发企业的住房，来反映自己的收入情况，进而产生了居住分割。因此，消费者对知名开发企业的偏好也表现为居住分割的实现。

消费者意愿研究中的待检验命题则可概括为如表 5-3 所示。

表 5-3　消费者意愿研究待检验命题

研究内容	命题编号	命题次编号	考察内容	命题设定
消费者意愿研究	H4			影响知名企业产品购买意愿因素
		H4.1	支付能力特征	收入对购买意愿呈正向影响，收入越高，购买意愿越强
		H4.2	个人偏好	人口特征对知名企业产品购买意愿的影响不显著
		H4.3	社会互动因素	社会互动性对知名企业产品购买意愿的影响显著

5.3　变量选取与数据来源

5.3.1　变量选取

1. 开发企业特征变量(X_{dev})

企业资质(X_{dev_zizh})：反映开发企业资质情况。根据《房地产开发企业资质管理规定》，企业资质分为一、二、三、四共四个资质等级。企业在为获取更优级别资质等级而向主管部门提出申请的备案期内将获得暂定资质。为了研究的方便，本文将暂定资质向上近似，取较优级别的资质水平，如暂定二级资质近似为二级资质。对企业资质情况的度量从两个层面进行，首先是反映企业资质情况的连续变量企业资质(DEV_ZIZHI)，按照企业资质的一级至四级分别对应因变量取值 4、3、2、1。二是反映企业资质等级差异的 3 个分类哑元变量：高级资质(DEV_ZIZHI_H)、中级资质(DEV_ZIZHI_M)和低级资质(DEV_ZIZHI_L)。其中高级资质包括一级资质和二级资质的开发企业；中级资质包括三级资质的开发企业；低级资质则包括四级资质的开发企业。

企业性质(X_{dev_ch})：反映开发企业资产所有者类型。按开发企业在工商行政管理部门登记注册时的类型，划分为国有经济企业(DEV_SOE)、含外商投资企业(DEV_FOR)和其他企业(DEV_OTH)，并以 3 个哑元变量进行标识。其中国有经济企业是指企业性质登记为国有经济、集体经济以及全民经济的开发企业；含外商投资企业是指企业资产投资中包括一定比例的境外资金，包括外商独资企业、中外合作经营企业和合资经营企业；其他企业则表示企业登记性质不在上述两种范围内的其他企业，即股份合作企业、联营企业和有限责任公司。

从业时间（*DEV_FOUND*）：反映开发企业从事住房开发的经验情况，属于连续变量。按照企业登记注册时间距 2005 年年底的年限计算而得。

历史开发量（*DEV_HIS*）：反映开发企业历史开发情况，属于连续变量。按照截至 2005 年年底，开发企业在信息系统中登记的批准预售面积加总而得。

地域范围（X_{dev_loc}）：反映开发企业主要项目所在地的情况。以该企业及其所属集团公司是否在其他城市有多个开发项目为标准，综合开发企业登记注册地点、企业历史主要开发项目所在地情况调研，以及市场资深分析人员的建议，划分为本地企业（*DEV_LOC*）、本省企业（*DEV_NLOC*）和全国性企业（*DEV_NATIONAL*），并以 3 个哑元变量进行标识。

声誉知名度等级（*BLEVEL_i*）：反映开发企业声誉的知名度等级。根据调研问卷票数统计排名划分为一类企业（*BLEVEL_H*）、二类企业（*BLEVEL_M*）和三类企业（*BLEVEL_L*），并以 3 个哑元变量进行标识。其中一类企业指调研问卷票数统计排名前 5 位的开发企业，具有很高的声誉知名度；二类企业指调研问卷票数统计排名后 5 位的开发企业，声誉知名度较高，但略逊于一类开发企业；三类企业指调研问卷中未涉及的开发企业，声誉知名度较低。

2. 消费者购买意愿(*WTB*)

利用连续变量来度量“意愿”是很困难的，所以本研究采用离散且具有排序性质的选择项来度量消费者对知名企业住房的购买意愿。抽样调查中将购买意愿分为“非常愿意”、“愿意”、“无所谓”、“不愿意”、“非常不愿意”五等，并分别对应因变量取值中的 5、4、3、2、1。

3. 消费者特征属性(X_{buyer})

(1)支付能力特征

根据第 5.2.2 节的分析，消费者的支付能力特征主要从收入和财富两方面进行度量。由于此类信息多涉及消费者的个人隐私，难以直接获得准确的信息。故此本研究选择如下几种变量，进行间接度量。

家庭年收入区间（*INCOME*）：以区间形式表征居住在同一住房单元内的全部家庭成员在过去一年内所有收入来源的总和，属于多分类变量，用以间接反映消费者收入情况。家庭收入情况随分类值的增加而增加。

家庭年收入均值（*INCOME_M*）：对家庭年收入区间的每一分类变量取其

平均值，近似得到一个反映收入水平的连续变量。

二次置业(*SECOND*)：表示现已拥有属于个人产权的住房，预购买第二套或以上住房的消费者。有能力购买第二套住房的消费者通常都具有一定的财富积累，因此该变量可以用来间接反映消费者拥有财富的情况。属于二次置业的消费者拥有财富较多，反之亦然。

(2)人口统计特征

对消费者人口统计特征的描述，选取了性别(*GENDER*)、婚姻状况(*MARRIAGE*)、户口(*HUKOU*)、年龄(*AGE*)、教育程度(*EDU*)、家庭人口(*FSIZE*)6个变量。这些变量间存在一定的替代性，在模型分析中，将根据实际情况进行取舍。

(3)社会互动特征

社会互动对消费者购买行为决策的影响通常表现为人群和收入特征。由于微观交易数据中缺乏每个交易样本的消费者收入数据，故此需要选取间接变量进行表征。由住房产品价值量大的特征可知，通常住房面积与住房总价间呈正向相关，购买大面积住房的消费者的收入相应较高。因此住房面积是表征消费者收入水平的一个有效指标。本研究选取与住房面积相关的变量来表征因收入引起的社会互动因素的影响，如项目套型面积均值，项目内单元面积四分位比。

项目套型面积均值(*MUA*)：以相同住宅项目编号 *PROID* 为单位，求取样本均值，以反映项目内住房单元面积的整体水平。但以均值来表示样本分布存在受奇异值影响的问题，且无法反映分布范围。故此，本研究还引入项目内单元面积四分位比对其进行修正。

项目内单元面积四分位比(QD_{area})：用以反映相同住宅项目内住房单元面积的离散程度，按照第一四分位数(Q_1)和第三四分位数(Q_3)的比值计算①，其计算公式如式(5-5)，四分位数的具体含义如图5-1所示。

$$QD_{area} = Q_3/Q_1 \tag{5-5}$$

---

① 四分位数是将样本由小到大排序后，用3个点将全部数据分为四等份，与3个点上相对应的变量称为四分位数，分别记为Q_1(第一四分位数)、Q_2(第二四分位数)、Q_3(第三四分位数)。

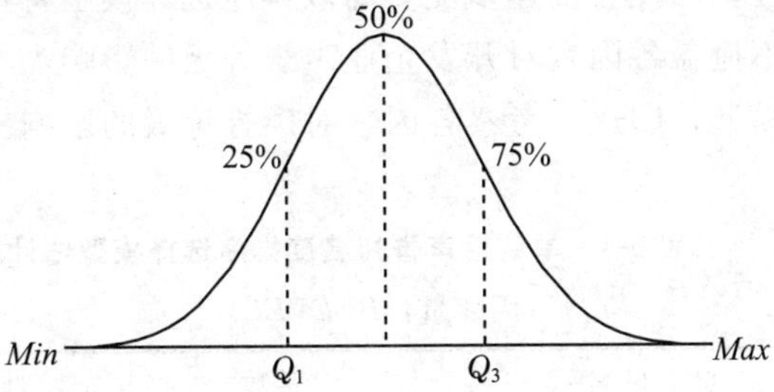

图 5-1　四分位数示意图

以上各变量的具体赋值说明见附录 D。

5.3.2　数据来源

本章实证研究的数据由三部分组成：

一是开发企业属性样本。在研究范围内（2004—2005 年）共有 325 家开发企业参与住房市场交易，其中有 304 家开发企业参与了预售市场。反映开发企业属性的变量，如企业资质、性质、从业时间以及地域范围等数据来自政府网站——成都房地产开发企业诚信信用档案系统（http://www.reicp.com）的公开数据；反映历史开发量的数据来自成都房地产信息数据库，由成都市房管局提供；反映企业声誉属性的数据来自调研问卷对知名企业的投票结果。各开发企业属性变量的描述性统计分析见附录 D。

二是消费者调研样本。在回收的 903 份有效问卷中，选取回答"是否愿意购买知名企业住房产品"题目的 867 份问卷，整理得到反映消费者特征的数据。具体调研说明见第 4.2.2 节。各消费者属性变量的描述性统计分析见附录 C。

三是住房交易样本，来自成都房地产信息数据库的统计数据，由成都市房管局提供。数据来源说明见第 3.1.2 节。各住房特征属性变量的描述性统计分析见附录 B。

5.4　实证分析

5.4.1　开发企业现状分析

1. 声誉知名度排序选择模型

由于开发企业的各项特征之间（如从业时间、企业资质和历史开发量之间）

存在明显的相关性，因此直接建多变量离散排序选择模型将存在严重的多重共线性问题。为了不掩盖各因素对开发企业声誉等级的影响，本节首先逐一建立单变量排序选择模型，即逐一考察各因素对声誉等级的影响。模型估计结果如表 5-4 所示。

表 5-4　单变量声誉知名度排序选择模型估计结果汇总

（因变量：*BLEVEL*）

自变量类别	自变量名称	系数	z 统计量	样本量
企业资质	*DEV_ZIZHI*	0.804***	3.140	296
	DEV_ZIZHI_H	1.038***	3.171	296
	DEV_ZIZHI_M	−0.523	−1.607	296
企业性质	*DEV_FOR*	0.795	1.263	296
	DEV_SOE	0.459	0.902	296
地域范围	*DEV_NATIONAL*	2.500***	4.638	296
	DEV_LOCAL	−0.568*	−1.898	296
从业经验	*DEV_HIS*	0.042***	3.677	257
	DEV_FOUND	−0.032	−0.808	275
企业性质组合	*DEV_FOR*	0.834	1.321	296
	DEV_SOE	0.501	0.980	
地域范围组合	*DEV_LOCAL*	0.40	0.313	296
	DEV_NATIONAL	2.611***	4.028	

注：1. 由于部分样本变量存在缺失，故有效样本量小于参与预售交易的开发企业总数 304；

2. z 统计量其报告值基于 QML(Huber/White) standard & covariance；

3. ***：变量在 99%的置信度下显著；*：变量在 90%的置信度下显著。

单变量分析除了可以直观分析各因素对开发企业声誉等级的影响机制外，还可以借此进行变量选择。由单变量模型中表现显著的变量构建多变量声誉知名度排序选择模型(BOCM)，采用普通最小二乘方法进行估计，多变量声誉知名度排序选择模型的估计结果如表 5-5 所示(为消除多重共线性的影响，进一步排除了少量变量)。

表 5-5　多变量声誉知名度排序选择模型(BOCM)估计结果汇总

(因变量：*BLEVEL*，样本量：257)

自变量名称	系数估计值(z 统计量)	
	BOCM1	BOCM2
DEV_HIS	0.040***(2.836)	0.037***(2.629)
DEV_NATIONAL	1.972***(3.400)	2.089***(3.566)
DEV_ZIZHI	0.699**(2.254)	
DEV_ZIZHI_H		0.847**(2.092)
	阈值	
v_2	0.702(0.963)	2.833***(7.213)
v_3	1.135(1.526)	3.251***(7.437)
统计量		
对数似然值	34.615(3df)	32.903(3df)

注：1. 由于部分样本变量存在缺失值，故有效样本量小于参与预售交易的开发企业总数 304；

2. z 统计量其报告值基于 QML(Huber/White)standard & covariance；

3. ***：变量在 99%的置信度下显著成立；**：变量在 95%的置信度下显著成立。

表 5-5 的估计结果表明，历史开发量(*DEV_HIS*)、全国性企业(*DEV_NATIONAL*)以及企业资质(*DEV_ZIZHI*)对企业声誉知名度的建立均有显著的正向效应。也就是说，从开发企业的客观属性上看，消费者心目中的知名开发企业具有历史开发量多，企业资质等级优良以及在全国范围内从事业务的特征。

2. Hedonic 估计系数校验方程

将多变量声誉知名度排序选择模型(BOCM)表现显著的开发企业属性变量，分别与第 3.5.2 节中求取的“因项目而异”和“因开发企业而异”系数的估计值 $\hat{\beta}_{Pi}$ 和 $\hat{\beta}_{Di}$ 组合，建立系数校验模型(COTM)，以验证“知名开发企业”所表征的属性是否能够反映消费者“因项目而异”和“因开发企业而异”的偏好。

系数校验模型的估计结果如表 5-6 所示。

表 5-6　引入开发企业属性的系数校验模型估计结果汇总

自变量	项目系数方程(因变量：$\hat{\beta}_{Pi}$)		开发企业系数方程(因变量：$\hat{\beta}_{Di}$)	
	COTM1	COTM2	COTM3	COTM4
常数项	−0.068 (−1.231)	−0.166*** (−6.886)	−0.024 (−0.427)	−0.127*** (−7.207)
TP_AREA	0.017*** (2.639)	0.019*** (2.980)	—	—
TP_AREA^2	-5.5×10^{-4}** (−2.016)	-6.0×10^{-4}** (−2.230)	—	—
DEV_HIS	0.037** (2.278)	0.016 (1.089)	0.066*** (4.149)	0.061*** (3.973)
DEV_NATIONAL	0.070 (0.860)	0.092 (1.134)	0.164* (1.766)	0.186* (1.970)
DEV_ZIZHI	0.030* (1.810)	—	0.032* (1.792)	—
DEV_ZIZHI_H	—	0.054* (1.960)	—	0.034 (1.178)
统计量				
调整 R^2	0.089	0.076	0.114	0.099
F 统计量	6.311***	5.455***	10.690***	9.232***
样本量	336		253	

注：1. 由于部分样本变量存在缺失，项目系数方程的有效样本量小于参与预售交易的总项目数 397，开发企业系数方程的有效样本量小于参与预售交易的开发企业总数 304；

2. 变量系数下括号中的数字为 *t* 统计量；

3. ***：变量在 99%的置信度下显著；**：变量在 95%的置信度下显著；*：变量在 90%的置信度下显著。

由表 5-6 的估计结果可知，开发企业属性对"因项目而异"特征的价格解释能力不高，显著性一般。而相比之下，开发企业属性对"因开发企业而异"的特征价格的解释能力较好，且变量的显著性较好。企业历史开发量(*DEV_HIS*)在两个开发企业系数校验模型中均表现为 99%置信度下的正向显著，而企业资质(*DEV_ZIZHI*)和全国性开发企业(*DEV_NATIONAL*)则在 90%的置信度下显著。

系数校验模型的估计结果充分说明，"知名开发企业"所代表的"历史开发量”、“企业资质等级”以及“全国性开发企业”的特征能在一定程度上反映住房消费中“因开发企业而异”的特征；即“知名开发企业”能够代表消费者“因开发企业而异”的偏好，具备成为住房不确定性质量标识的可能性。

3. Hedonic 方程

系数校验方程证明了开发企业属性变量(X_{dev})对“因开发企业而异”特征的解释能力，为进一步求证开发企业特征对住房特征价格的影响，下面将开发企业属性特征变量代入 Hedonic 模型中，建立企业属性 Hedonic 模型(DEVHM)，探求开发企业属性变量对住房价格的影响。模型形式如式(5-6)所示。

$$LOG(U\_PRICE) = \alpha + \beta_1^T X_{stru} + \beta_2^T X_{comm} + \beta_3^T X_{location} + \beta_4^T X_{time} + \beta_5^T X_{dev} + \varepsilon \tag{5-6}$$

企业属性 Hedonic 模型(DEVHM)的估计结果如表 5-7 所示。各企业属性 Hedonic 方程整体显著性很好，F 统计量均在 99%的置信度下显著，拟合优度也较高。

表 5-7　企业属性 Hedonic 模型(DEVHM)估计结果汇总

(因变量：$LOG(U\_PRICE)$，样本量：86 336)

自变量名称	基础 Hedonic 模型 6(BHM6)		企业属性 Hedonic 模型(DHM)	
	系数	t 统计量	系数	t 统计量
常数项	7.774***	1 543.758	7.833***	1 571.332
住房特征属性	省略		省略	
TP_AREA	0.003***	11.322	0.006***	20.366
TP_AREA^2	0.000**	−1.976	-2.8×10^{-4}***	−29.600
DEV_HIS			8.35×10^{-4}***	14.453
DEV_NATIONAL			0.221***	74.051
DEV_ZIZHI			0.007***	24.918
统计量				
调整 R^2	0.501		0.545	
F 统计量	2 144.849***		2 159.162***	

注：1. 由于部分样本变量存在缺失，故有效样本量小于预售样本总数 100 673；

2. ***：变量在 99%的置信度下显著；**：变量在 95%的置信度下显著。

由于住房特征并非本节建立 Hedonic 模型的分析重点，故在模型结果列表中并未将其包含在内。各因素的估计系数和显著性均与基础 Hedonic 模型 6 相差甚微，这些特征对住房价格的影响效应也均符合理论预期，说明模型的稳定性较好。

在两个企业属性 Hedonic 模型中，开发企业特征变量的影响效应均在 99%的置信度下显著，说明开发企业特征对住房价格产生影响的假设成立。其中，企业历史开发量(*DEV_HIS*)每增加 1 万平方米，住房价格提高 0.08%($e^{0.000835}-1=0.08\%$)。企业资质越优，企业的溢价能力越高，每上升一个资质等级，溢价能力提高 0.7%($e^{0.007}-1=0.7\%$)。在全国范围从事开发业务的企业的溢价能力为 24.7%($e^{0.221}-1=24.7\%$)。

企业属性 Hedonic 模型的估计结果说明“知名开发企业”所代表的“历史开发量”、“企业资质等级”以及“全国性开发企业”的特征对住房价格的构成存在影响。这一结论进一步验证了系数校验模型的结论，“知名开发企业”具备成为住房不确定性质量标识的可能性。同时我们也有理由相信表征上述属性的开发企业声誉存在一定的价值。

5.4.2 消费者意愿分析

1. 传统偏好因素影响

由于消费者各项特征之间(如年龄、收入、教育等变量之间)存在明显的相关性，因此直接构建多变量离散选择模型将存在严重的多重共线性问题。为了不掩盖各个因素对知名企业住房购买意愿的影响，本节将采用第 5.4.1 节中先逐一建立单变量模型，后建立多变量模型的分析方法。

逐一考察各因素对购买意愿的单变量离散选择模型，估计结果如表 5-8 所示。

表 5-8 单变量消费者知名企业住房购买意愿排序选择模型汇总结果

(因变量：*WTB*，样本量：821)

自变量	系数(z 统计量)	自变量	系数(z 统计量)
AGE_M	0.001(0.339)	*MARRIAGE*	0.132(1.586)
EDU	0.011(0.269)	*FSIZE*	−0.021(−0.538)
LOG(INCOME_M)	0.137***(2.739)	*SECOND*	0.146*(1.796)
HUKOU	0.294***(3.348)	*GENDER*	−0.138(−1.691)
LOG(INCOME)	0.35***(3.036)	*AGE*	0.009(0.469)

注：1. 由于部分样本变量存在缺失，故有效样本量小于本章选取的消费者调研样本总量 867；

2. z 统计量其报告值基于 QML(Huber/White)standard & covariance；

3. ***：变量在 99%的置信度下显著；*：变量在 90%的置信度下显著。

利用表 5-8 除了可以直观分析各因素对消费者购买意愿的影响机制外，还可以借此进行变量选择，从而构建多元离散排序选择模型。模型结果如表 5-9 所示(为消除多重共线性的影响，进一步排除了少量变量)。

由表 5-9 可知，在消费者知名企业住房购买意愿模型中，收入(*INCOME_M*)对购买知名开发企业产品有着显著的正效应。收入越高的人，购买知名开发企业产品的意愿越强。第二次购买住房(*SECOND*)的消费者同样对知名企业产品有着较强的购买意愿。这可以解释为：收入越高以及拥有财富越多的消费者对住房满意度的偏好越强，在质量不确定的情况下，收入高的人更倾向于通过选择知名开发企业的住房，来降低未来住房不确定性质量的风险，实现对住房品质的高偏好。除收入因素外，其他消费者人口统计因素方面，本地居民(*HUKOU*)的购买意愿较强。

表 5-9　多变量消费者知名企业产品购买意愿排序选择模型估计结果

(因变量：*WTB*，样本量：827)

自变量/统计量	系数(z 统计量)	阀值	
LOG(*INCOME_M*)	0.154*** (3.024)	v_2	−2.579***
HUKOU	0.312*** (3.486)	v_3	−1.916***
SECOND	0.161** (1.936)	v_4	−0.782***
对数似然比(值)	23.798(3*df*)	v_5	1.412***

注：1. 由于部分样本变量存在缺失，故有效样本量小于本章选取的“消费者调研样本”总数 867；

2. z 统计量其报告值基于 QML(Huber/White)standard & covariance；

3. ***：变量在 99%的置信度下显著；**：变量在 95%的置信度下显著。

2. 社会互动因素

由第 5.2.2 节的分析可知，消费者之间的社会互动性，对其居住选择也存在一定的影响。由于微观交易数据中缺乏每个交易样本中消费者的收入数据，故采用项目面积均值(*MUA*)和项目内单元面积四分位比(QD_{area})来间接度量。

对于社会互动因素(QD_{area})的分析，同样采用第 5.4.1 节的分析思路：首先构建声誉知名度排序选择模型(BOCM)，验证声誉对社会互动特征的代表性；其次构建项目系数模型(COTM)，验证社会互动特征对“因项目而异”特征的解释显著性；最后通过构建消费者 Hedonic 模型(BUYHM)，考察社会互动因素对住房价格构成的影响关系，消费者 Hedonic 模型的模型形式如式(5-7)所示。其中，当项目面积均值较大时，项目面积四分位比越小，说明项目内大面积的住房越多，购买者中收入较高群体越多，其特征价格越高。

$$LOG(U\_PRICE)=\alpha+\beta_1^T X_{stru}+\beta_2^T X_{comm}+\beta_3^T X_{location}+\beta_4^T X_{time}+\beta_5^T(QD_{area}\times MUA)+\varepsilon \quad (5\text{-}7)$$

考虑社会互动因素的三种模型的估计结果如表 5-10 所示。

表 5-10　考虑社会互动因素模型的估计结果汇总

自变量	BOCM（因变量：*BLEVEL*）		COTM3（因变量：$\hat{\beta}_{Pi}$）	BUYHM(因变量：LOG(*U_PRICE*))
	BOCM3	BOCM4		
常数项	—	—	−0.095*** (−4.091)	7.832*** (1 607.012)
住房属性特征	—	—	—	省略
TP_AREA	—	—	0.020*** (3.510)	0.003*** (11.315)
TP_AREA^2	—	—	-0.488×10^{-4}** (−2.00)	-1.63×10^{-5}** (−1.949)
QD_{area}	0.503* (1.744)	—	—	—
$QD_{area}\times(MUA>0.9)$		0.257* (1.780)	−0.053*** (−3.07)	−0.003*** (−2.561)
统计量				
调整 R^2			0.075	0.501
F 统计量			5.529***	2 100.418***
样本量	337		370	100 397

注：1. 由于部分样本变量存在缺失，声誉知名度排序选择模型(BOCM3 和 BOCM4)、项目系数模型(COTM3)的样本量小于参与预售市场的总项目数 397，消费者 Hedonic 模型(BUYHM)模型的样本量也小于参与预售市场的总样本量 100 673；

2. BOCM 模型变量系数下括号中的数字为 *z* 统计量，其报告值基于 QML(Huber/White)standard & covariance；

3. BUYHM 模型变量系数下括号中的数字为 *t* 统计量；

4. ***：变量在 99%的置信度下显著；**：变量在 95%的置信度下显著；*：变量在 90%的置信度下显著。

由表 5-10 可知，消费者 Hedonic 模型(BUYHM)整体显著性很好，F 统计量均在 99%的置信度下显著，拟合优度也较高。同时社会互动(QD_{area})的估计结果与理论预期相一致，当项目面积均值大于 90 平方米时，项目面积四分位比越小，其特征价格越高。同时，社会互动(QD_{area})在声誉知名度排序选择模型(BOCM3 和 BOCM4)、项目系数模型(COTM3)以及消费者 Hedonic 模型(BUYHM)中均表现显著。这一方面说明，社会互动能够在一定程度上解释消费者"因项目而异"的偏好，同时社会互动对住房价格的构成存在一定影响。另一方面也说明了开发企业声誉能够表征消费者受社会群体互动因素的影响性，消费者存在通过选择知名企业开发企业的住房而实现其与收入水平相近群体居住在一起的偏好。因此，我们有理由相信表征社会互动因素的开发企业声誉具有一定的价值。

5.4.3　交易双方特征联合建模

由第 5.4.1 节和第 5.4.2 节的分析可知，表征交易双方特征的属性均对住房价格的构成产生影响，在市场均衡的状态下，住房的交易价格应受交易双方特征的共同影响。因此本节将反映开发企业特征(X_{dev})和消费者特征(QD_{area})的变量均代入 Hedonic 模型中，建立交易双方 Hedonic 模型(DBHM)，探求交易双方共同作用下的住房价格构成，模型形式如式(5-8)所示。

$$LGO(U\_PRICE)=\alpha+\beta_1^{\mathrm{T}}X_{stru}+\beta_2^{\mathrm{T}}X_{comm}+\beta_3^{\mathrm{T}}X_{location}+\beta_4^{\mathrm{T}}X_{time}+\beta_5^{\mathrm{T}}X_{dev}+\beta_6^{\mathrm{T}}QD_{area}+\epsilon \tag{5-8}$$

交易双方 Hedonic 模型的估计结果如表 5-11 所示，模型整体显著性很好，F 统计量均在 99%的置信度下显著，拟合优度也较高。

由于住房特征并非本节建立 Hedonic 模型的分析重点，故在模型结果列表中并未将其包含在内。各因素的估计系数和显著性均与基础 Hedonic 模型 6 相差甚微，这些因素对住房价格的影响效应也均符合理论预期，说明模型的稳定性较好。

表 5-11　交易双方 Hedonic 模型(DBHM)估计结果

[因变量：$LOG(U\_PRICE)$]

自变量	DBHM	DEVHM	BUYHM
	系数(t 统计量)	系数(t 统计量)	系数(t 统计量)
常数项	7.825*** (1 541.035)	7.833*** (1 571.332)	7.804*** (1 622.148)

续表

自变量	DBHM	DEVHM	BUYHM
	系数(t 统计量)	系数(t 统计量)	系数(t 统计量)
住房属性特征	省略	省略	省略
TP_AREA	0.006*** (20.466)	0.006*** (29.366)	0.003*** (11.485)
TP_AREA^2	-2.8×10^{-4}*** (−29.658)	-2.8×10^{-4}*** (−29.601)	-1.79×10^{-5}** (−2.145)
DEV_HIS	8×10^{-4}*** (13.812)	8.35×10^{-4}*** (14.453)	
DEV_NATIONAL	0.222*** (74.369)	0.221*** (74.051)	
DEV_ZIZHI	0.007*** (24.949)	0.007*** (24.918)	
$QD_{area}\times$(MUA>0.85)	−0.010** (−2.285)		−0.010*** (−10.125)
统计量			
调整 R^2	0.545	0.546	0.501 5
F 统计量	2 159.162***	2 159.162***	2 104.423***
样本量	90 123	90 123	100 379

注：1. 由于部分样本变量存在缺失，故有效样本量小于预售样本总数 100 673；

2. ***：变量在 99%的置信度下显著；**：变量在 95%的置信度下显著。

首先，在交易双方 Hedonic 模型中，表征交易双方的特征属性均为显著，说明在预售制度安排下，由于存在住房质量信息不充分，除住房特征会影响住房价格外，交易双方的个体特征亦会产生重要影响。同时，与基础 Hedonic 模型 6 相比，引入交易双方特征属性的 Hedonic 方程的整体显著性有所提高(前者为 0.501，后者为 0.545)，亦验证了该类特征有助于提高住房特征隐含价格的分解，而忽略此类特征的 Hedonic 模型在估计住房特征隐含价格时可能会产生偏误。

其次，交易双方特征变量的系数均与企业属性 Hedonic 模型(DEVHM)和消费者 Hedonic 模型(BUYHM)中的估计结果相差甚微，进一步验证了模型具有较好的稳定性，以及第 5.4.1 节和第 5.4.2 节中分别对交易双方属性溢价能力的分析结果。开发企业客观特征方面，企业历史开发量(*DEV_HIS*)每增加 1 万平方米，住房价格提高 0.08%，企业资质(*DEV_ZIZHI*)每上升一个等级，住房价格提高 0.7%。在全国范围从事开发业务的企业的溢价能力为 24.7%。开发企业属性的溢价能力结果与第 5.4.1 节的实证结果相一致，模型结果的稳定性再一次得到验证。消费者客观特征方面，当项目面积均值大于 85 平方米时，项目面积四分位比在 99%置信度下显著，即项目面积四分位比越小，其特征价格越高，与第 5.4.2 节的实证结果相接近。

5.5　小结

本章的主要结论如下：

①对客观数据的分析给出了具有较高声誉的开发企业所具备的普遍特征。享有较高声誉的开发企业具有历史开发量多、企业资质等级高、在全国范围从事业务的特征。开发企业的声誉属性能够反映消费者对开发企业的偏好特征，能够成为表征住房不确定性质量的质量标识。

②开发企业的上述特征与住房价格存在显著关联，因此可以作为住房不确定性质量的显性标识。历史开发量、企业资质和在全国范围内从事业务都对住房价格存在显著的正向影响。其相关关系是：企业历史开发量每增加 1 万平方米，每平方米住房价格提高 0.08%；企业资质每升高一个等级，每平方米住房价格提高 0.7%；在全国范围从事开发业务的企业能够获得 24.7%价格溢价。

③收入和财富较高的消费者更偏好购买高声誉开发企业所供给的住房，通过选择高声誉开发企业的项目实现居住群分。这实际上是他们实现居住群分的一种手段。对于大户型的项目，项目内住房单元的均质性越高(项目面积四分位比越低)，消费者愿意支付的价格也越高。这个效应在 99%置信度下显著。

第6章 住房不确定性质量标识的度量

第5章的研究结果，从客观上进一步验证了“开发企业声誉”能够标识住房不确定性质量的水平。本章利用大量微观交易数据，通过定量度量“开发企业声誉”的溢价水平及在不同条件下的差异，实现对住房不确定性质量标识的度量。

6.1 研究思路与方法

本章的研究内容包括两部分，一是消费者对住房不确定性质量标识的支付意愿分析；二是对影响该支付意愿的因素进行分析。本章的研究结构图如图6-1所示。

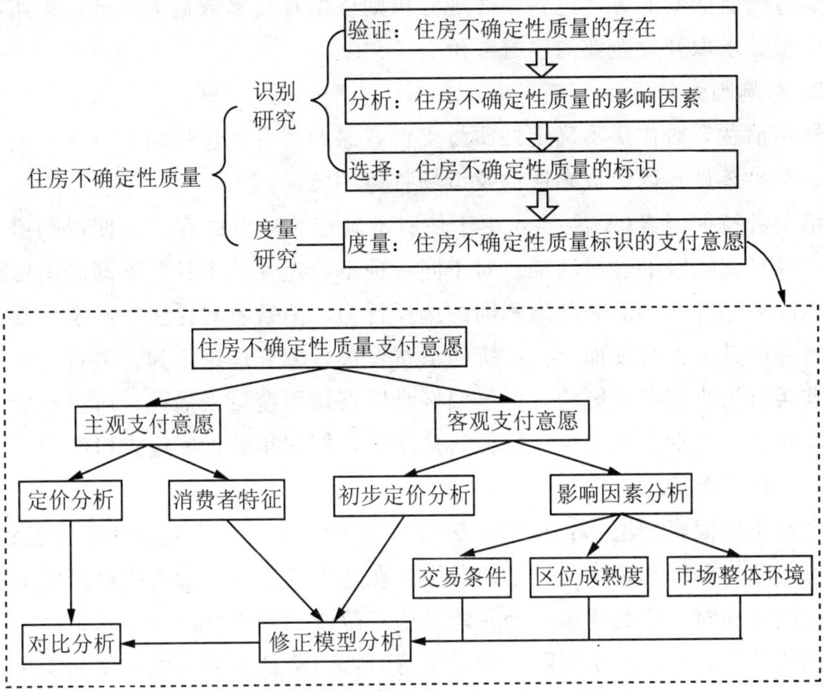

图 6-1　住房不确定性质量标识的度量研究结构图

6.1.1　研究思路

1. 支付意愿分析

从前文的分析研究可知，为避免因“逆向选择”而造成的市场帕累托改进失效，住房市场中确实存在一种表征住房不确定性质量情况的质量标识——开发企业声誉。作为一种质量标识，开发企业声誉能够向消费者传递关于住房不确定性质量程度的信息，该信息可以改变消费者对不确定性质量事件发生结果的概率分布预测，是消费者在质量不确定条件下进行购买决策的基础。换而言之，消费者存在为获取更多表征住房不确定性质量信息而努力的动机，获得的信息越多，越能做出更好的预测，从而降低风险。从这个意义上说，开发企业声誉是一种能够提供有价值信息的商品，消费者应当为使用这种商品而支付费用，而开发企业声誉价值也就来自于信息所减少的风险，其本质是消费者为降低住房不确定性质量而支付的风险溢价。

本章将从主观和客观两方面，对消费者的支付意愿进行定量分析。主观分析拟通过调研问卷的方式进行，客观分析则以微观交易数据为基础，采用特征价格模型，求取开发企业的声誉溢价。

2. 影响因素分析

影响消费者对住房不确定性质量支付意愿的因素，包括四个方面：消费者特征、交易条件、区位成熟度以及市场整体环境。

消费者特征因素(X_{BUYER})：由于住房不确定性质量的存在，使得购房选择属于一种具有风险的经济活动。对于同一种不确定性的事件，不同的消费者因对待风险的态度不同而表现出不同的选择行为，消费者对住房不确定性质量的支付意愿因其个人特征而异。传统的消费者选择偏好理论认为，消费者个体因素对购买行为决策存在影响。由于偏好难以直接用变量来描述，所以一般采用反映家庭生命周期的人口统计特征间接反映，例如年龄、家庭人口组成、婚姻状态、户口情况等。

交易条件因素(X_{TRA})：根据住房交易发生时住房产品是否处于完工状态，住房可以分为预售和现售两类。前者指正在建设的房屋，后者指已经完成施工建设，能够随时入住的房屋。处在建设施工阶段的预售住房的不确定性质量远大于现售住房，因此消费者购买此类住房时，为降低不确定性质量而支付的风险溢价也相应增加，即开发企业声誉溢价增加。

区位成熟度因素(X_{DLM})：城市空间结构变化是影响住房不确定性质量高低/比重/大小的另一个因素。城市空间结构的变化将直接影响居民的出行成本、居住地周边的城市设施水平以及生活便利性(Urban Amenites)。因此，居民住房消费的区位选择实际上是对通勤成本、公共服务的选择。自20世纪90年代初，我国城市重新建立土地市场以来，住房市场得到迅速的发展。许多城市都经历了大量土地开发与再开发活动，城市空间结构也随之发生了重大变化，较为合理的土地利用模式逐步形成：中央商务区的范围逐步扩大，居住用地逐步郊区化。由于城市空间渐进式的发展规律，使得区位成熟度随距市中心距离的增加而降低；消费者为降低住房不确定性质量而愿意支付的风险溢价支出也相应地随区位成熟度的增加而降低，也就是说开发企业声誉溢价随距市中心距离的增加而增加。

市场整体环境因素(X_{MAR})：市场整体环境情况主要是指市场信息不对称程度和交易秩序等市场透明度的情况，受制度因素影响。市场整体环境透明度的提高，有助于改善交易双方间信息不对称的程度，影响消费者对住房不确定性质量的识别过程，并通过影响消费者对住房不确定性质量风险溢价的预期，而最终影响开发企业声誉的溢价水平。在 2004—2005 年间，有两次主要的政策调控对住房市场的供需关系和市场参与者的预期产生了显著影响：一是 2004 年 4～8 月国土资源部主导的土地政策；二是 2005 年 3 月开始的多部门联合的综合调控政策。消费者对降低住房不确定性质量的风险溢价的预期应随市场管理措施的完善而降低，即开发企业的声誉溢价随住房市场透明度的提高而降低。

6.1.2　研究方法

本章实证研究的方法以 Hedonic 模型和多元回归模型为主。其中，Hedonic 模型的构建方法同第 3.5.1 节中基础 Hedonic 模型相一致，此处不再赘述。多元回归模型则是一种处理两个以上变量之间关系的统计方法，广泛应用于各种实证分析中，本章将根据变量影响趋势的具体情况，选择线性模型和非线性模型形式。

6.2　变量选取与数据统计

6.2.1　变量选取

本章实证研究以探求消费者对住房不确定性质量标识的支付意愿及其影响因素为研究重点，故将增补一些反映开发企业声誉、交易条件、区位成熟度以及市场整体环境特征的变量。

1. 开发企业声誉特征变量(X_{brand})

根据调研问卷中消费者对开发企业声誉的投票情况，引入如下反映开发企业声誉特征的变量，以考察具有不同声誉特征的开发企业对住房价格的影响差异。

具有较高声誉的开发企业(*BRAND*)：反映样本单元是否为具有较高声誉的开发企业所供给的住房，属于哑元变量。根据成都市资深市场分析人员的意见，以及对当地开发企业整体情况的综合调研，本研究确定了 10 家[①]在成都住房市场中享有一定声誉的知名开发企业进行评选。调研结果表明，该 10 家

---

①　在问卷实际调研中共提及 11 家开发企业，但由于重庆龙湖地产在本文的研究范围 2004—2005 年内，尚未有住房交易发生，故在此书的研究中将其剔除。

企业确实在消费者心中享有较好的声誉，故对在信息系统中登记为由此 10 家企业开发的交易样本取 *BRAND* 为 1，其他则为 0。即：

$$BRAND=\begin{cases}1,\ if\ DEVID\_005+DEVID\_006+DEVID\_102\\ \qquad +DEVID\_114+DEVID\_211+DEVID\_269\\ \qquad +DEVID\_270+DEVID\_283+DEVID\_311\\ \qquad +DEVID\_361=1\\ 0,\ otherwise\end{cases} \tag{6-1}$$

声誉知名度(*VOTE*)：反映不同开发企业之间的具体声誉情况，属于连续变量。对于调研问卷中涉及的开发企业，按问卷真实统计票数占问卷样本总量的百分比取值；对于调研问卷中未涉及的开发企业，直接赋值为 1%。声誉知名度的具体计算公式如式(6-2)所示，赋值结果如表 6-1 所示。基于前文中消费者愿意为购买具有较高声誉的开发企业的住房多支付一定比例的风险溢价的假设，声誉知名度对住房价格的影响呈正向作用，即问卷票数越高，开发企业声誉知名度越大，风险溢价越高。

$$VOTE=\begin{cases}\dfrac{\text{问卷票数}}{903}\times 100\%,\ if\ BRAND=1\\ 1\%,\ otherwise\end{cases} \tag{6-2}$$

表 6-1　声誉知名度变量(*VOTE*)取值说明

变量取值(%)	赋值条件	票数(票)	企业名称	变量取值(%)	赋值条件	票数(票)	企业名称
90.92	$DEVID\_211=1$	821	万科	26.25	$DEVID\_270=1$	237	上海绿地
82.61	$DEVID\_283=1$	746	置信	18.72	$DEVID\_114=1$	169	青年房产
74.86	$DEVID\_311=1$	676	蓝光集团	14.06	$DEVID\_102=1$	127	新希望
61.79	$DEVID\_361=1$	558	中海	10.30	$DEVID\_005=1$	93	建川
42.19	$DEVID\_006=1$	381	博瑞	1	$BRAND=0$		其他
39.42	$DEVID\_269=1$	356	华润				

2. 消费者特征变量(X_{buyer})

对消费者特征的描述，除选取与第 5.3.1 节相同的性别(*GENDER*)、婚姻状况(*MARRIAGE*)、户口(*HUKOU*)、年龄(*AGE*)、教育程度(*EDU*)、家庭人口(*FSIZE*)变量外，还增加了反映消费者拟购买住房情况的变量。

拟购买住房面积(*F_AREA*)：反映消费者预计购买住房的建筑面积，用以间接反映消费者拥有的财富情况，二者间存在正向关系。由第 2 章的理论分析可知，消费者的住房偏好选择是建立在一定预算约束下的效用最大化问题。因此，欲购买住房面积的偏好可以从一定程度上反映家庭财富情况，即欲购买住房面积越大，家庭住房消费预算约束相对越宽松，消费者拥有的财富越多，支付能力越强。

3. 交易条件特征变量(X_{TRA})

销售状态(*SALE*)：反映交易单元属于现房还是预售房，属于哑元变量，以现售住房为 1，预售为 0。一方面，购买预售房的购房者不能立即享受到住房的效用，且存在一定风险，因此一般而言同等条件下预售房的价格低于现房价格。另一方面，现售住房是在房屋建筑施工全部完成之后，可以立即入住，其住房不确定性中仅包含未来的不确定性，程度小于预售住房，因此，预售住房的开发企业声誉溢价水平应高于现售。

4. 区域成熟度变量(X_{DLM})

结合区域成熟度与距市中心的距离存在相关性，以及成都属于单中心城市空间分布的特点，引入 4 个环线哑元(*ROUND_i*)变量，表征区域成熟度。变量的赋值说明如表 6-2 所示。

表 6-2　环线哑元变量(*ROUND_i*)赋值说明

变量名称	变量含义	赋值说明
ROUNG_1	内至一环	取 *BLOCK_NN*＋*BLOCK_ND*＋*BLOCK_NX*＋*BLOCK_NB*＝1 为 1，否则为 0
ROUNG_2	一至二环	取 *BLOCK_YN*＋*BLOCK_YD*＋*BLOCK_YX*＋*BLOCK_YB*＝1 为 1，否则为 0
ROUNG_3	二至三环	取 *BLOCK_EN*＋*BLOCK_ED*＋*BLOCK_EX*＋*BLOCK_EB*＝1 为 1，否则为 0
ROUNG_4	三环外	取 *BLOCK_SN*＋*BLOCK_SD*＋*BLOCK_SX*＋*BLOCK_SB*＝1 为 1，否则为 0

5. 市场整体环境特征变量(X_{MAR})

市场整体环境情况因受多种因素的影响，难以用单一的指标进行度量。我国住房市场自 20 世纪 90 年代后期住房制度改革实施以来，进入高速发展时期，并表现出较强的随时间变化特征。尤其近两年中央政府实施宏观调控政策以来，市场环境随时间变化的特征更为显著。因此，本章尝试选取三组时间变量来反映市场环境情况。

季度哑元($Y04Q1\cdots Y05Q4$)：反映季度内市场整体环境情况，属于哑元变量。按交易样本签约时间所在季度，引入 8 个季度哑元($Y04Q1\cdots Y05Q4$)，以标识该时段的市场整体环境情况。以变量 $Y04Q1$ 为例，当交易样本的签约时间在 2004 年第一季度时，取变量 $Y04Q1$ 为 1，否则为 0。

半年哑元($Y04H1\cdots Y05H2$)：反映半年内市场整体环境情况，属于哑元变量。按交易样本的签约时间，引入 4 个半年哑元($Y04H1\cdots Y05H2$)，以标识该时段的市场整体环境情况。以变量 $Y04H1$ 为例，当交易样本的签约时间在 2004 年上半年时，取变量 $Y04H1$ 为 1，否则为 0。

年度哑元($YEAR$)：反映年度市场整体环境的变化情况，属于哑元变量。当交易样本的签约时间在 2005 年时为 1，否则为 0。

按时间顺序考察市场整体环境存在两种优势：一是符合政府对市场进行调控的常规思路，调控政策的出台以及进行实施效果的检验，具有随时间变化的特征。二是由于市场运行机制问题，各项调控措施的实施效果并不一定作用在政策出台的当期，往往需要一段市场接受时间，同时市场整体环境还具有相对稳定性和滞后性。因此，按时间顺序考察市场整体运行情况能够在保证及时反映市场变化的同时，兼顾市场环境相对稳定性的特征，并符合我国当前住房市场的运行机制。

6. 消费者主观支付意愿(*PREMIUM*)

连续变量，表示消费者主观上愿意为购买具有较高声誉的开发企业所供给的住房多支付的风险溢价占住房总价的百分比，即开发企业声誉溢价的主观表现。

6.2.2 数据统计

1. 主观支付意愿分析

主观支付意愿分析，以“消费者调研样本”为研究对象，样本总量为 903。具体调研说明见第 4.2.2 节。各消费者属性变量的描述性统计分析见附录 C。

2. 客观支付意愿分析

本章以“住房交易样本”中的整体市场样本为研究对象，未进行任何抽样，属于全样本分析。样本总量为 113 184 条，其中预售样本量为 100 673 条，各住房特征变量的描述性统计分析见附录 B，开发企业声誉特征变量的描述性统计分析见附录 D。

6.3 实证研究分析

6.3.1 主观支付意愿

1. 定量分析

调研问卷中考察了消费者对知名开发企业住房的主观支付意愿。由表 6-3 可知，在满足区位和价格的前提下，有 89.3%的消费者愿意购买知名开发企业的住房，有 85.49%的消费者愿意为知名开发企业的住房支付超额的价值，且超额支付的均值为房屋总价的 6.84%。进一步观察调研结果可知，消费者对知名开发企业住房的超额支付意愿，具有随其对知名开发企业住房的购买意愿的增加而增加的规律。

表 6-3　消费者对知名开发企业住房的主观支付意愿

（总样本量：903）单位：%

	对知名开发企业住房购买意愿比例	主观支付意愿比例	主观支付意愿均值（占房屋总价的比例）
非常愿意	18.72	17.61(94.08)	7.32
愿意	70.54	61.79(87.60)	6.96
无所谓	9.52	6.09(63.95)	5.24
不愿意	1.00		
非常不愿意	0.11		
合计	99.89	85.49	6.84

调研结果充分说明，在现阶段消费者确实存在按开发企业的不同进行住房选择的现象，并倾向购买知名开发企业的住房，且愿意支付超额价值。在知名开发企业供应量小于消费者需求量的情况下，这种对开发企业的偏好将导致消费者为获得理想的住房而支付更多的超额价值。同时，当开发企业了解到消费者的这种偏好，在追求利润最大化的经营策略下，也会存在主动提高住房价格的动机。如此供需两方面的共同作用，将促使知名开发企业溢价的产生，并使之存在合理化。

2. 影响因素分析

由于消费者各种特征之间(如年龄、收入、教育等变量之间)存在着明显的相关性，直接构建多元回归模型将产生严重的多重共线性问题。为了不掩盖各因素对支付意愿的影响，本节将采用第 4.4.1 节的研究方法：先逐一建立单变量模型，后建立多变量模型。首先逐一考察各特征因素对支付意愿的影响，然后选择显著性较好的变量构建消费者购买知名开发企业住房的主观支付意愿多变量模型，两类模型的估计结果如表 6-4 所示。

表 6-4 消费者购买知名企业住房的主观支付意愿模型估计结果汇总

（因变量：*LOG(PREMIUM)*，样本量：726）

单变量模型		多变量模型	
自变量	系数(*t* 统计量)	自变量	系数(*t* 统计量)
AGE_M	−0.052***(−2.700)	常数项	−3.383***(−17.195)
EDU	0.175***(4.221)	*LOG(INCOME_M)*	0.116*(1.955)
LOG(INCOME_M)	0.163***(3.037)	*F_AREA*>1.2	0.281**(2.110)
F_AREA	0.404***(2.669)	*F_SIZE*	−0.121***(−2.842)
HUKOU	0.017(0.183)	统计量	
MARRIAGE	−0.262***(−3.039)	调整 R^2	0.037
F_SIZE	−0.092**(−2.268)		
SECOND	0.027(0.319)		

注：1. 由于部分样本变量存在缺失值，故样本量小于调研样本总量 903；

2. ***：变量在 99%的置信度下显著；**：变量在 95%的置信度下显著；*：变量在 90%的置信度下显著。

在消费者主观支付意愿模型中（表 6-4 右列），收入（*INCOME_M*）对支付意愿有着显著的正效应。收入越高的消费者，其支付声誉溢价的主观意愿越高，收入每增加 1%，支付意愿增加 0.116%。当欲购买户型面积（*F_AREA*）超过 120 平方米以后，消费者对声誉溢价的支付意愿随着购买面积的增加而增加，即消费者所拥有的财富越多，支付的声誉溢价越高。该结果一方面说明，收入越高和拥有财富越多的消费者对购买具有较高声誉的开发企业所供给的住房的偏好越强，在供给小于需求的情况下，这部分消费者通过向具有较高声誉的开发企业多支付一定的价格来获取其满意的住房。另一方面也反映了在住房质量不确定的情况下，收入较高和拥有财富较多的消费者更倾向于通过选择知名开发企业的住房，来降低未来住房不确定性质量的风险，实现对住房品质的高偏好。这一结论与第 5.4.2 节的研究结果相一致。

除收入因素外，消费者人口统计因素中，仅有家庭人口数（*F_SIZE*）在支付意愿模型中的表现显著，支付意愿随家庭人口的增加而降低。

6.3.2 客观支付意愿

1. 初步定量分析

第 6.3.1 节的分析说明，消费者为购买知名开发企业的住房存在主观超额支付意愿。那么在客观交易中，这种支付意愿是否也相应存在，且规模与主观分析相一致？本节将通过在特征价格模型中引入开发企业声誉变量，对其进行求证。

(1)系数校验模型

由于本研究所采用的声誉特征变量是作者根据抽样调研数据选取的，因此在进行特征价格模型分析之前，需对第 6.2.1 节选取的声誉特征变量进行整体代表性检验，即检验其是否能够反映住房单元“因项目而异”以及“因开发企业而异”的特征。具体的验证方法为：分别以第 3.5.2 节扩展 Hedonic 模型(EHM1 和 EHM2)中求取的“因项目而异”变量的估计系数 $\hat{\beta}_{Pi}$ 以及“因开发企业而异”变量的估计系数 $\hat{\beta}_{Di}$ 为因变量，以三组开发企业声誉特征变量(X_{brand})为自变量，建立系数校验模型，考察开发企业声誉特征变量(X_{brand})对 $\hat{\beta}_{Pi}$ 和 $\hat{\beta}_{Di}$ 的显著性。当自变量的显著性较强时，则说明根据抽样数据得到的声誉特征变量具有较好的整体代表性，能够解释整体样本中住房单元“因项目而异”以及“因开发企业而异”的特征，故可以引入 Hedonic 模型进行分析。系数校验模型的估计结果如表 6-5 所示。

表 6-5 系数校验模型估计结果汇总

(PM 模型因变量：$\hat{\beta}_{Pi}$，样本量：377；DM 模型因变量：$\hat{\beta}_{Di}$，样本量：296)

		常数项	*BRAND*	*VOTE*	*BLEVEL*	*BLEVEL_H*	*BLEVEL_M*
项目系数模型	PM1	−0.133*** (−6.248)	0.125** (2.447)				
	PM2	−0.135*** (−6.319)		0.207*** (2.799)			
	PM3	0.093 (1.097)			0.075*** (2.746)		
	PM4	−0.133*** (−6.232)				0.158*** (2.885)	0.158*** (2.847)
	PM5	−0.133*** (−6.212)					−0.015 (−0.144)

续表

		常数项	*BRAND*	*VOTE*	*BLEVEL*	*BLEVEL_H*	*BLEVEL_M*
开发企业系数模型	DM1	−0.082*** (−6.796)	0.238*** (3.447)				
	DM2	−0.08*** (−6.796)		0.368*** (3.028)			
	DM3	0.357*** (2.852)			0.146*** (3.463)		
	DM4	−0.079*** (−6.586)				0.272*** (2.936)	0.274*** (2.977)
	DM5	−0.082*** (−6.789)					0.193* (1.875)

注：1. 由于部分样本变量存在缺失值，故项目系数模型样本量小于总样本量 397；开发企业系数模型样本量小于总样本量 304；

2. ***：变量在 99%的置信度下显著成立；**：变量在 95%的置信度下显著成立；*：变量在 90%的置信度下显著成立。

由表 6-5 的估计结果可知，具有较高声誉的开发企业(*BRAND*)和声誉知名度(*VOTE*)对 $\hat{\beta}_{Pi}$ 和 $\hat{\beta}_{Di}$ 的解释能力较强。同时声誉等级变量中，一类开发企业(*BLEVEL_H*)对两类系数的解释能力均显著，而二类开发企业(*BLEVEL_M*)则仅对 $\hat{\beta}_{Di}$ 有解释能力。

总体而言，根据抽样数据得到的声誉特征变量(*BRAND* 和 *VOTE*)具有较好的整体代表性，对整体样本中"因项目而异"以及"因开发企业而异"特征的解释能力显著，可以引入 Hedonic 模型进行分析。

(2)声誉 Hedonic 模型

将开发企业声誉特征变量(X_{brand})分别代入基础 Hedonic 模型 6(BHM6)中，建立声誉 Hedonic 模型(DBHM)，以预售市场交易样本为研究对象，验证声誉溢价的存在及其规模。模型形式如式(6-3)所示。

$$LOG(U\_PRICE)=\alpha+\beta_1^{\mathrm{T}}X_{stru}+\beta_2^{\mathrm{T}}X_{comm}+\beta_3^{\mathrm{T}}X_{location}+\beta_4^{\mathrm{T}}X_{time}+\beta_5^{\mathrm{T}}X_{brand}+\varepsilon \tag{6-3}$$

声誉 Hedonic 模型估计结果如表 6-6 所示。各声誉 Hedonic 方程整体显著性很好，*F* 统计量均在 99%的置信度下显著，拟合优度也较高。

表 6-6 声誉 Hedonic 模型(DBHM)结果汇总

[因变量：$LOG(U\_PRICE)$，样本量：100 379]

模型	自变量	系数	t 统计量	调整 R^2	F 统计量
DBHM1	*BRAND*	0.157***	89.115	0.538	2 431.825***
DBHM2	*VOTE*	0.203***	75.363	0.528	2 337.356***
DBHM3	*BLEVEL*	−0.079***	−87.260	0.533	2 485.205***
DBHM4	*BLEVEL_H*	0.149***	76.764	0.538	2 386.432***
	BLEVEL_M	0.183***	57.239		
DBHM5	*DEVID_211*	0.250***	54.887	0.561	2 289.816***
	DEVID_283	0.117***	17.897		
	DEVID_311	0.062***	22.272		
	DEVID_361	0.248***	65.646		
	DEVID_006	0.319***	53.685		
	DEVID_269	0.423***	75.434		
	DEVID_270	0.152***	24.006		
	DEVID_114	0.108***	18.420		
	DEVID_102	0.140***	15.156		

注：1. 由于部分样本变量存在缺失，故样本量小于样本总数 100 679 个；

2. ***：变量在 99%的置信度下显著。

由于住房特征并非本节建立 Hedonic 模型的分析重点，故在模型结果列表中并未将其包含在内。各因素的估计系数和显著性均与基础 Hedonic 模型 6 相差甚微，这些因素对住房价格的影响效应也均符合理论预期，说明模型的稳定性较好。

首先，在四个声誉 Hedonic 模型中，开发企业声誉特征变量(X_{brand})的影响效应均在 99%的置信度下显著，说明在预售制度安排下，由于存在住房不确定性质量和非均衡状态，除住房特征会影响住房价格外，开发企业的声誉特征亦会对住房价格产生重要影响。同时，与基础 Hedonic 模型 6 相比，各声誉 Hedonic 方程的整体显著性均有所提高，亦验证了该类特征有助于对住房价格构成的分解，而忽略此类特征的 Hedonic 模型在估计住房特征隐含价格时可能会产生偏误。

其次，由声誉 Hedonic 模型 1(DBHM1)的估计结果可知，现阶段知名开发企业的住房商品确实存在溢价，且影响显著。相比于非知名开发企业的住房产品，购买知名开发企业住房的消费者多支付住房单价的16.98%（$e^{0.157}-1=16.98\%$）。产生这种情况的原因可以解释为：一方面，经过对知名开发企业历史产品质量情况的考察，其确实存在消费者满意度较高的现状，能够为其住房产品未来不确定性质量提供一定保证，进而降低消费者承担不确定性质量的风险，消费者支付意愿升高；另一方面，开发企业也存在为显示自身产品的差异而提高报价的可能性。

值得注意的是，就行业整体而言，声誉知名度（*VOTE*）对住房价格存在显著的正向影响（DBHM2）。在其他变量保持不变的情况下，开发企业声誉知名度每上升1%，住房单价提高22.52%（$e^{0.203}-1=22.52\%$）。但在具有较高声誉的开发企业之间，声誉溢价的程度与其在消费者中的声誉知名度并未显示正向的相关性（表6-7）。对于这一点可以解释为企业发展战略定位的区别。虽然此10家开发企业均为行业普遍认可的具有较高声誉的开发企业，但由于各企业自身发展阶段不同，在不同时期推出的产品定位不同，其企业声誉溢价能力不同。

表6-7　声誉Hedonic模型5（DBHM5）结果比较分析

变量名称	企业名称	声誉Hedonic模型5系数	预售市场份额（%）	项目个数	票数（票）	基础Hedonic模型6	
						系数	系数排名
DEVID_211	万科	0.250***	1.94	3	821	0.393***	4
DEVID_283	置信	0.117***	0.62	3	746	0.139***	57
DEVID_311	蓝光	0.062***	4.53	9	676	0.065***	87
DEVID_361	中海	0.248***	2.19	2	558	0.361***	9
DEVID_006	博瑞	0.319***	0.74	2	381	0.436***	2
DEVID_269	华润	0.423***	1.73	1	356	0.405***	3
DEVID_270	绿地	0.152***	0.68	1	237	0.321***	15
DEVID_114	青年	0.108***	0.78	1	169	−0.001	142
DEVID_102	新希望	0.140***	0.30	1	127	0.215***	38
DEVID_005	建川	—	0.21	1	93	—	—
总计			13.72	24	903		295

注：***表示在99%的置信度下显著。

在对知名开发企业溢价水平的主客观分析进行比较时发现，声誉Hedonic

模型中得到的开发企业声誉溢价均值为 16.98%，与项目系数校验模型中的水平相近(17.12%)，而与主观问卷调研(6.84%)和开发企业系数模型(26.87%)相差较大。主客观溢价水平的差异可以从两方面解释：一方面是由客观研究中存在缺失变量问题所引起。在客观 Hedonic 模型中，未能掌握更多反映项目属性的"因项目而异"变量，对项目自身物理属性的剥离尚存在较大误差。而同时开发企业声誉属性中也包含了能够在一定程度上反映项目的物理属性特征，因此开发企业声誉的溢价水平存在被高估的可能性。另一方面，消费者本身也存在保守估计的倾向。

2. 交易条件因素

(1)模型构建

在声誉 Hedonic 模型中引入开发企业声誉特征变量(X_{brand})和单元交易条件特征变量($SALE$)的交叉项，以整体市场为研究对象，建立交易条件 Hedonic 模型(TRAHM)，进而验证声誉溢价在不同交易条件间的差异。

模型形式如式(6-4)所示，其中 X_{brand} 代表了整体市场中的开发企业声誉情况；交叉项($SALE \cdot X_{brand}$)表示现售市场中的开发企业声誉情况，相应的 β_5^{T} 表示整体住房市场中的声誉溢价水平；β_6^{T} 表示相对于预售而言，现售状态下声誉的溢价水平：

$$LOG(U\_PRICE) = \alpha + \beta_1^{\mathrm{T}} X_{stru} + \beta_2^{\mathrm{T}} X_{comm} + \beta_3^{\mathrm{T}} X_{location} + \beta_4^{\mathrm{T}} X_{time} + \beta_5^{\mathrm{T}} X_{brand} + \beta_6^{\mathrm{T}} (SALE \cdot X_{brand}) + \varepsilon \tag{6-4}$$

(2)估计结果

交易条件 Hedonic 模型的估计结果如表 6-8 所示。各交易条件 Hedonic 方程整体显著性很好，F 统计量均在 99%的置信度下显著，拟合优度也较高。

表 6-8　交易条件 Hedonic 模型(TRAHM)估计结果

(因变量：$LOG(U\_PRICE)$，样本量：112 753)

	自变量(现售市场)	系数(t 统计量)	自变量(整体市场)	系数(t 统计量)	调整 R^2
TRAHM1	*SALE · BRAND*	−0.065*** (−11.728)	*BRAND*	0.159*** (83.91)	0.504
TRAHM2	*SALE · VOTE*	−0.029*** (−3.092)	*VOTE*	0.209*** (71.917)	0.496

续表

	自变量（现售市场）	系数（t 统计量）	自变量（整体市场）	系数（t 统计量）	调整 R^2
TRAHM3	$SALE \cdot BLEVEL\_H$	-0.019^{***} (-2.448)	$BLEVEL\_H$	0.151^{***} (71.835)	0.505
	$SALE \cdot BLEVEL\_M$	-0.125^{**} (-15.700)	$BLEVEL\_M$	0.003^{***} (54.071)	

注：1. 由于部分样本变量存在缺失值，故样本量小于整体市场样本总数 113 184；

2. ***：在 99%的置信度下显著成立；**：在 95%的置信度下显著成立。

(3)结果分析

同样，由于住房特征并非本节建立 Hedonic 模型的分析重点，故在模型结果列表中并未将其包含在内。各因素的估计系数和显著性均与基础 Hedonic 模型 6 相差甚微，这些因素对住房价格的影响效应也均符合理论预期，说明模型的稳定性较好。

首先，在三个交易条件 Hedonic 模型中，开发企业声誉特征变量(X_{brand})的影响效应均在 99%的置信度下显著，说明开发企业的声誉特征影响住房价格构成的假设，不仅在预售市场中成立，亦适用于整体住房市场。

其次，在三个交易条件 Hedonic 模型中，整体市场的声誉溢价系数均显著为正，而现售市场中声誉溢价系数则均显著为负。这说明，现售市场中声誉溢价的水平低于预售市场，与理论预期相一致。由于现售住房的不确定性质量低于预售住房，故此其声誉溢价水平较低。即，同为知名开发企业的住房，每平方米现房的价格要比预售价格低 6.28%($e^{-0.065}-1=-6.28\%$)。

3. 区位成熟度因素

(1)模型构建

在声誉 Hedonic 模型中引入区位条件交叉项[具有较高声誉的开发企业($BRAND$)与环线哑元($ROUND\_i$)的乘积]，分别以预售市场和整体市场为研究对象，建立区位成熟度 Hedonic 模型(DLMHM)，进而验证区位成熟度对住房不确定性质量风险溢价的影响关系，以“市中心”($BLOCK\_N=1$)为默认变量，模型形式如式(6-5)所示：

$$LOG(U\_PRICE)=\alpha+\beta_1^{T}X_{stru}+\beta_2^{T}X_{comm}+\beta_3^{T}X_{location}+\beta_4^{T}X_{time}+\beta_5^{T}BRAND$$
$$+\beta_7^{T}(BRAND\cdot ROUND-i)+\varepsilon \tag{6-5}$$

(2)估计结果

同时考虑开发企业声誉特征和环线哑元交叉项的区位成熟度 Hedonic 模型的估计结果如表 6-9 所示。各区位成熟度 Hedonic 方程整体显著性很好，*F* 统计量均在 99%的置信度下显著，拟合优度也较高。

表 6-9　区位成熟度 Hedonic 模型(DLMHM)估计结果汇总

[因变量：*LOG(U_PRICE)*]

自变量	预售市场		整体市场	
	声誉 Hedonic 模型 1(BHM1)	DLMHM1	声誉 Hedonic 模型 6(BHM6)	DLMHM2
常数项	7.857*** (1 707.453)	7.870*** (1 720.659)	7.859*** (1 671.604)	7.866*** (1 672.337)
住房特征属性	省略	省略	省略	省略
BRAND	0.157*** (89.115)	0.098*** (18.692)	0.155 5*** (91.393)	0.088*** (15.701)
BRAND · *ROUND_4*		0.100*** (15.631)		0.105*** (15.322)
BRAND · *ROUND_3*		0.066*** (11.683)		0.081*** (13.265)
BRAND · *ROUND_2*		0.017** (2.330)		0.048*** (6.310)
BRAND · *ROUND_1*		−0.226*** (−17.229)		−0.204*** (−14.736)
统计量				
调整 R^2	0.538	0.541	0.501	0.504
F 统计量	2 431.825***	2 363.339***	2 461.606***	2 294.597***
样本量	100 379		112 753	

注：1. 由于部分样本变量存在缺失值，故样本量小于预售市场样本总数 100 687，以及整体市场样本总数 113 184；

2. ***：在 99%的置信度下显著成立；**：在 95%的置信度下显著成立。

(3)结果分析

同样，由于住房特征并非本节建立 Hedonic 模型的分析重点，故在模型结果列表中并未将其包含在内。各因素的估计系数和显著性均与基础 Hedonic 模型 6 相差甚微，这些因素对住房价格的影响效应也均符合理论预期，说明模型的稳定性较好。

首先，在两个区位条件 Hedonic 模型中，具有较高声誉的开发企业(*BRAND*)的估计系数均小于未考虑区位成熟度影响声誉 Hedonic 模型(BHM1 和 BHM6)中的结果。这说明，具有较高声誉的开发企业的溢价水平受区位成熟度的影响。在不考虑区位成熟度情况下，即住房市场中不存在公共服务差异时，消费者在购买知名开发企业的预售商品房时每平方米多支付 10.3%($e^{0.098}-1=10.3\%$)。这一比例比第 6.3.2 节中声誉 Hedonic 模型 1(DBHM1)的估计结果(16.98%)降低了 40%。在比较不同交易条件下的具有较高声誉的开发企业系数时也发现，预售条件下的具有较高声誉的开发企业估计系数要高于整体市场，再一次证明了第 6.3.2 节的结论：由于预售房的不确定性质量高于现房，故此其声誉溢价水平也相应较高。

进一步分析模型中区位交叉项(*BRAND* · *ROUND_i*)的估计系数时发现，具有较高声誉的开发企业的溢价水平随环线的增加而增加。由于成都住房市场具有单中心的特点，距市中心的距离随环线的增加而增加。由第 6.1.1 节分析可知，与市中心距离在一定程度上反映了区位市场的成熟度。因此，区位交叉项的这一变化趋势，说明声誉的溢价水平随区位成熟度的增加而降低(表 6-10)，“内至一环”子市场的区位交叉项(*BRAND* · *ROUND_2*)系数更是降低为负值。这一方面说明，本研究所选取的表征住房不确定性质量的质量标识——声誉确实能够反映因公共服务而生产的住房不确定性质量。另一方面，也说明了在城市空间快速发展的情况下，消费者认为，知名开发企业的开发选址具有一定的前瞻性和积聚效应，能够吸引其他中小开发企业的跟随开发，从而通过提高区域范围内的人口居住密度，带动公共服务以及生活便利性的提高。因此，区位成熟度越低的子市场中，消费者为降低未来不确定性而支付的风险溢价越高，声誉的溢价越高。

表 6-10 不同区位子市场中的声誉溢价结果汇总 单位：%

	一至二环 (*BRAND* · *ROUND_2*)	二至三环 (*BRAND* · *ROUND_3*)	三环外 (*BRAND* · *ROUND_4*)
预售市场	1.71	6.82	10.52
整体市场	4.92	8.44	11.07

注：各区域子市场的声誉溢价表示对中心区(*BLOCK_N*)而言的相对值概念。例如，对于同是知名开发企业开发的住房，相对于市中心而言，位置在一至二环时每平方米多支付 1.71%。

4. 市场整体环境因素

(1)模型构建

采用与区位成熟度因素相类似的研究思路，在声誉 Hedonic 模型中引入市场整体环境交叉项[具有较高声誉的开发企业(*BRAND*)与时间哑元(X_{MR})的乘积]，分别以预售市场和整体市场为研究对象，建立市场整体环境 Hedonic 模型(MRHM)，进而验证市场整体环境变化对住房不确定性质量的影响情况，分别以 2004 年第一季度($Y04Q1=1$)和 2004 年上半年($Y04H1=1$)为默认变量，模型形式如式(6-6)所示：

$$LOG(U\_PRICE)=\alpha+\beta_1^T X_{stru}+\beta_2^T X_{comm}+\beta_3^T X_{location}+\beta_4^T X_{time}+\beta_5^T BRAND \\ +\beta_8^T(BRAND \cdot X_{MR})+\varepsilon \quad (6\text{-}6)$$

(2)估计结果

模型的估计结果如表 6-11 所示。各市场整体环境 Hedonic 方程整体显著性很好，*F* 统计量均在 99%的置信度下显著，拟合优度也较高。

表 6-11　市场整体环境 Hedonic 模型(MARHM)估计结果汇总表

[因变量：*LOG(U_PRICE)*]

自变量	预售市场			整体市场		
	MRHM1	MRHM2	MRHM3	MRHM4	MRHM5	MRHM6
常数项	7.847*** (1 708.9)	7.849*** (1 705.5)	7.848*** (1 702.4)	7.835*** (1 659.45)	7.836*** (1 657.99)	7.836*** (1 656.88)
特征属性	省略	省略	省略	省略	省略	省略
BRAND	0.217*** (40.069)	0.210*** (57.339)	0.195*** (77.441)	0.210*** (36.51)	0.205*** (52.58)	0.197*** (73.31)
BRAND·*Y04Q2*	−0.010 (−1.469)			−0.005 (−0.72)		
BRAND·*Y04Q3*	−0.006 (−0.92)			0.007 (0.916)		
BRAND·*Y04Q4*	−0.048*** (−7.51)			−0.034*** (−4.93)		
BRAND·*Y05Q1*	−0.082*** (−11.43)			−0.066*** (−8.99)		

续表

自变量	预售市场			整体市场		
	MRHM1	MRHM2	MRHM3	MRHM4	MRHM5	MRHM6
BRAND・*Y*05*Q*2	−0.197*** (−27.44)			−0.170*** (−22.889)		
BRAND・*Y*05*Q*3	−0.102*** (−15.87)			−0.100*** (−14.659)		
BRAND・*Y*05*Q*4	−0.026*** (−4.175)			−0.031*** (−4.768)		
BRAND・*Y*04*H*1		−0.025*** (−5.646)			−0.014*** (−2.963)	
BRAND・*Y*05*H*1		−0.135*** (−27.195)			−0.114*** (−22.406)	
BRAND・*Y*05*H*2		−0.055*** (−12.689)			−0.060*** (−13.127)	
BRAND・*YEAR*			−0.067*** (−21.032)			−0.072*** (−21.538)
统计量						
调整 R^2	0.544	0.542	0.540	0.509	0.507	0.506
F 统计量	2 178***	2 324***	2 402***	2 123***	2 272***	23 584***
样本量	100 379			112 753		

注：1. 由于部分样本变量存在缺失值，故样本量小于预售市场样本总数 100 687，以及整体市场样本总数 113 184；

2. ***：在 99%的置信度下显著成立。

(3)结果分析

同样，由于住房特征并非本节建立 Hedonic 模型的分析重点，故在模型结果列表中并未将其包含在内。各因素的估计系数和显著性均与基础 Hedonic 模型 6 相差甚微，这些因素对住房价格的影响效应也均符合理论预期，说明模型的稳定性较好。

由表 6-11 的估计结果可知，各市场整体环境 Hedonic 模型中，市场整体环境交叉项的系数均为负值，说明相对默认期而言，其后各期具有较高声誉的开发企业的溢价水平均有不同程度的降低。以季度哑元为例(MRHM1 和 MRHM4)，在 2004 年第 2 季度到 2005 年第 2 季度间，声誉溢价水平与时间成负向相关，且从 2004 年第 3 季度开始，出现了较大幅度的降低。而在 2005 年第 2 季度之后，两者的关系发生逆转，变为正向相关(图 6-2)。

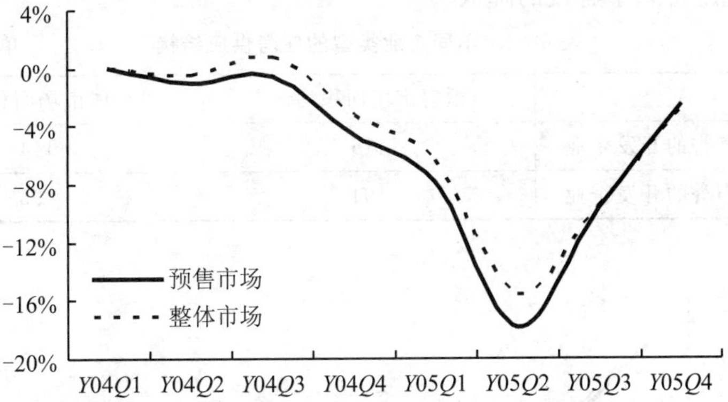

图 6-2　不同市场整体环境条件下的声誉溢价结果汇总图

出现如此截然不同现象的原因在于两次宏观调控的措施以及所处经济环境的不同。2004 年第 2 季度以“国八条”为主的调控政策是在房地产投资快速增长的经济背景下，以“抑制房地产投资过快”和“稳定住房价格”为目的的调控措施。从这个意义上看，2004 年第 3 季度后声誉溢价水平的大幅下降，说明“国八条”的调控在抑制声誉溢价方面取得了较好的政策效果。

到 2005 年第 2 季度末，出台“国六条”政策时，住房投资增长速度有了明显下降，此时房地产投资的增长速度已经低于固定资产投资的增幅(图 6-3)，并降至合理区间。在这种情况下，“国六条”的政策目标则转向对“住房供应结构”以及“住房市场交易秩序”的微观层面调控，并出台了具体措施，如规定未开工项目的供应结构应满足“套型建筑面积 90 平方米以下住房(含经济适用住房)面积所占比重，必须达到开发建设总面积的 70%以上”。这种对住房供应结构的限制，意味着未来 90 平方米以上户型供应将减少，在这种预期的影响下，当前市场中大户型面积的交易价格必然会上涨。如表 6-12 所示，无论预售市场还是整体市场中，具有较高声誉的开发企业的供应结构均以大户型为主，面积均值为 115 平方米左右。因此，图 6-2 中 2005 年第 2 季度以后的声誉溢价降低程度的反向走势是基于大户型供应减少的预期而产生的，是调控目标的改变所引起。与此同时在消费者群体中已经建立较高声誉的开发企业并不是“市场交易秩序治理”的对象，故政策对该类企业的调控效果并不显著。然而，2005 年第 3 季度和第 4 季度的市场整体环境交叉项($BRAND \cdot HY3$ 和 $BRAND \cdot HY4$)仍然为负值则说明，2004 年以来的各项调控措施的综合影响仍在延续，市场透明度在不断提高，信息不对称程度得到了改进，总体而言声誉溢价的程度得到了有效的降低。

表 6-12　不同企业类型的住房供应结构　　单位：平方米

	预售市场面积均值	整体市场面积均值
具有较高声誉的开发企业	115	114
具有较低声誉的开发企业	94	95

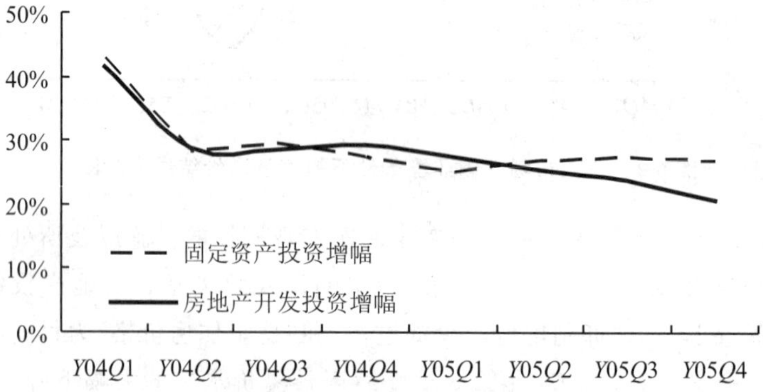

数据来源：《中国经济统计快报》、《中国人民银行统计季报》整理而得。

图 6-3　不同市场整体环境条件下的声誉溢价结果汇总图

5. 修正模型分析

前两节分别考察了区位成熟度和市场整体环境两方面对住房不确定性质量风险溢价的影响情况。然而在实际交易过程中，消费者的购买决策是在综合考虑各种影响因素下做出的。因此，为了更好地探求消费者对住房不确定性质量的风险溢价支出，本节将对各种影响因素进行联合建模分析。

(1)模型构建

在声誉 Hedonic 模型中引入区位条件交叉项、市场整体环境交叉项以及表征消费者受社会互动因素影响的变量，并分别以预售市场和整体市场为研究对象，建立综合 Hedonic 模型(FHM)，模型形式如式(6-7)所示。

$$LOG(U\_PRICE)=\alpha+\beta_1^T X_{stru}+\beta_2^T X_{comm}+\beta_3^T X_{location}+\beta_4^T X_{time}+\beta_5^T BRAND+\beta_7^T(BRAND \cdot ROUND\_i)+\beta_8^T(BRAND \cdot X_{INS})+\beta_9^T \cdot QD_{area} \cdot (MUA>0.9)+\varepsilon$$

(6-7)

(2)估计结果

综合 Hedonic 模型的估计结果如表 6-13 所示。各综合 Hedonic 方程整体显著性很好，F 统计量均在 99%的置信度下显著。

表 6-13　综合 Hedonic 模型(FHM)估计结果汇总表

[因变量：*LOG*(*U_PRICE*)]

类别	自变量	FHM1(预售市场)	FHM2(整体市场)
	常数项	7.855***(1 673.479)	7.855***(1 672.822)
	特征属性	省略	省略
声誉属性	*BRAND*	0.063***(7.126)	0.056***(6.010)
交易条件	*BRAND*・*SALE*	—	−0.015**(−2.544)
区位成熟度	*BRAND*・*ROUND_4*	0.211***(25.780)	0.210***(24.402)
	BRAND・*ROUND_3*	0.134***(18.648)	0.147***(19.602)
	BRAND・*ROUND_2*	0.127***(14.826)	0.147***(16.456)
	BRAND・*ROUND_1*	−0.176***(−12.828)	−0.164***(−11.338)
市场整体环境	*BRAND*・*Y04Q2*	0.010(1.513)	0.012*(1.691)
	BRAND・*Y04Q3*	0.031***(4.518)	0.044***(5.830)
	BRAND・*Y04Q4*	0.039***(5.397)	0.052***(6.796)
	BRAND・*Y05Q1*	−0.078***(−10.680)	−0.057***(−7.564)
	BRAND・*Y05Q2*	−0.184***(−25.408)	−0.164***(−21.782)
	BRAND・*Y05Q3*	−0.107***(−16.452)	−0.103***(−15.119)
	BRAND・*Y05Q4*	−0.045***(−7.088)	−0.051***(−7.565)
社会互动因素	QD_{area}・(*MUA*>0.9)	−0.021***(−21.145)	−0.007***(−6.959)
统计量	调整 R^2	0.544	0.511
	F 统计量	2 117.902***	1 998.86***
	样本量	100 379	112 753

注：1. 由于部分样本变量存在缺失值，故样本量小于预售市场样本总数 100 687，以及整体市场样本总数 113 184；

2. ***：在 99%的置信度下显著成立；**：在 95%的置信度下显著成立；*：在 90%的置信度下显著成立。

(3)结果分析

同样，由于住房特征并非本节建立 Hedonic 模型的分析重点，故在模型结果列表中并未将其包含在内。各因素的估计系数和显著性均与基础 Hedonic 模型 6 相差甚微，这些因素对住房价格的影响效应也均符合理论预期，说明模型的稳定性较好。

在控制区位成熟条件以及市场整体环境影响后，具有较高声誉开发企业的溢价水平分别为 6.5%(预售市场)和 5.55%(整体市场)。在整体市场中，现售住房的声誉比预售住房低 1.49%，再一次证明了声誉能够代表因交易条件不同而产生的不确定性质量。6.5%的客观支付意愿一方面与成都市场主观调研中 6.84%的结果相接近，同时与国外学者以中国香港住房市场为研究对象得到的 6.37%结果也同样非常接近(Chau et al., 2007)。实证研究结果的客观性和稳定较好。

6.4 小结

本章的主要结论如下：

通过定量度量“开发企业声誉”的溢价水平及在不同条件下的差异，实现对住房不确定性质量的度量。

①消费者通过对较高声誉的开发企业所供给的住房支付溢价的形式来降低住房不确定性质量可能带来的风险，这为利用溢价水平度量不确定性质量提供了手段。主观调研和客观交易数据实证分析结果均证明，在当前的住房消费选择中，消费者存在为降低住房不确定性质量而支付风险溢价的行为，并通过选择高声誉的开发企业所供给的住房来降低住房的不确定性质量。与较低声誉企业供给的住房相比，在预售制度安排下消费者对企业声誉溢价的支付意愿平均为住房价格的 7%。由于声誉溢价支出随住房不确定性质量水平的增加而增加，与现售商品住房相比，预售制度安排下住房的不确定性质量水平较高。从整体市场来看，预售住房的溢价水平比现售住房高出 1.49%。

②消费者愿意为减小住房不确定性质量而支付的溢价水平，在不同消费者群体间存在差异，高收入者的支付意愿相对较高。不同消费群体的风险偏好存在的差异导致收入高和拥有财富多的消费者愿意为购买具有较高声誉的开发企业供给的住房支付更多的溢价，其弹性为 0.116%，这实际上是他们实现居住群分的一种手段。对于大户型的项目，项目内住房单元的均质性越高(项目面积四分位比越低)，消费者愿意支付的溢价水平也越高，这个效应在 99%置信度下显著。

③该溢价水平也受到市场整体环境和住房所处区位的影响，市场成熟度和区位成熟度越高，溢价水平越低。市场成熟度的改善有利于降低声誉溢价水平，减少住房不确定性质量，其中 2004 年的宏观调控措施政策对降低声誉溢价水平效果显著。在城市空间分布快速变化的情况下，消费者愿意为减小住房不确定性质量而支付的溢价水平，随区位成熟度的降低而增加。消费者认为，在区位成熟度不高的子市场中，具有较高声誉开发企业的开发选址具有一定的预见性，能够通过吸引中小开发企业的跟随投资而促进区域范围内的公共服务水平以及生活便利度的提高。

第7章 结 论

随着住房制度改革的深化，我国住房市场运行机制不断完善，居民家庭能够以货币化方式自由选择住房及其所包含的住房质量。然而住房和住房市场的固有特性，决定了住房质量不仅包括确定性质量，也包括不确定性质量。住房不确定性质量的存在将干扰住房价格与住房质量之间的清晰对应关系，增加消费者购房风险。我国住房市场以预售商品住房为主的交易结构，进一步增加了住房不确定性质量的比重，进而扩大了消费者购房风险，并引发了住房消费中的相关矛盾与问题。因此，从预售市场的特殊性出发，研究住房不确定性质量的识别和度量机制，设计合理的制度安排以减小不确定性质量对消费者产生的风险，是提高住房市场信息透明度，实现房地产市场公平交易的关键所在。

基于上述的研究背景，本书以对我国商品住房市场特殊性的分析为基础，对住房不确定性质量的识别和度量机制进行了深入的理论分析，并建立了从住房价格差异性出发度量住房不确定性质量的研究框架。在此基础上，本书借助了住房经济学和微观经济学的理论方法以及计量经济学的研究工具，建立识别和度量住房不确定性质量的实证研究策略，考察质量不确定条件下消费者购房选择行为及其支付意愿。书稿的研究成果有助于提高消费者对住房不确定性质量的识别能力，加强政府对住房开发企业行为的监督与管理，促进房地产业与社会经济的和谐发展。

7.1　研究的主要结论

7.1.1　主要理论成果

①从理论上分析了住房确定性质量和不确定性质量的来源和内涵，并探讨了预售制度导致不确定性质量比重增加的机制。

根据住房服务的概念，本书将住房质量定义为住房在其使用周期内能够产生住房服务的各种属性的集合，根据在某一特定时点消费者对住房质量的识别程度，住房质量由确定性和不确定性质量共同构成。在签订住房预售合同时，住房确定性质量属性包括物理属性、邻里属性以及当前的区位属性，并受开发企业特征和区位成熟度的影响。住房不确定性质量包括住房未完工部分的质量情况、未来邻居的群体特征、建成后的小区内部环境以及未来的区位特征，受开发企业特征、区位成熟度、物业管理、邻居特征、消费者特征以及时间等因素的影响。

②将不确定性质量引入特征价格模型，形成对其进行识别和度量的理论方法。

在对住房质量进行定义后，应用新古典住房经济学中“住房消费支出是住房消费量与住房服务单价的乘积”的思想，建立了住房质量与住房价格的抽象关系，住房价格等于住房服务单价与住房质量的乘积。由于住房质量由确定性质量和不确定性质量共同构成，因此，住房消费支出中也应包括消费者对住房不确定性质量的支出。在特征价格模型中，通过引入表征住房不确定性质量的变量，能够实现对住房不确定性质量的支付意愿的分析。

③通过度量“开发企业声誉”的溢价水平及在不同条件下的差异，实现对住房不确定性质量标识的度量。

普通商品市场中，为避免因质量信息不对称而产生的“逆向选择”问题，产品的生产者存在主动发布其产品质量标识的动机。长期均衡市场中，这一质量标识表现为企业历史产品的平均质量情况，具有一定的稳定性。消费者根据质量标识对不确定性质量做出预期判断，从而进行消费决策。这也使得质量标识具有价值。本书中提出，上述运行机制在住房市场中同样成立，且开发企业声誉能够成为有效的质量标识，并在住房消费中表现为声誉溢价。声誉溢价的本质是，消费者为了降低未来住房不确定性质量而支付的风险金。对于开发企业而言，声誉溢价是其建立质量标识的投资回报。

7.1.2 主要实证结果

①住房不确定性质量存在，扩展的特征价格模型能够实现对其水平差异的度量，“开发企业声誉”能够成为住房不确定性质量的一种显性标识。

住房不确定性质量存在，并与住房价格间存在显著的相关性。特征价格模型能够有效度量住房质量属性与住房价格间的非线性关系，忽略不确定性质量的基础模型对住房价格的解释能力相对有限($R^2=0.5$)，引入表征住房不确定性质量变量的扩展的特征价格模型解释能力显著提高($R^2=0.8$)，模型的估计系数反映了住房不确定性质量的特征价格。住房不确定性质量还具有“因开发企业而异”的规律，“开发企业声誉”具备成为住房不确定性质量的一种显性标识。

②对消费者主观意愿数据的分析表明，消费者通过开发企业的若干属性判断其声誉，并将“开发企业声誉”作为住房不确定性质量的显性标识，对具有较高声誉的开发企业所供给的住房有较高的支付意愿。

对消费者主观购买决策规律的研究表明，消费者通过对开发企业“整体印象”、“从业经验”、“合约履行情况”、“历史产品”以及“住房产品未来预期”五个因素的了解，来判断企业所供应住房的不确定性质量水平。当前住房市场中，消费者对知名开发企业的声誉已经形成了基本共识，并对具有较高声誉的开发企业所供给的住房存在较高的主观支付意愿。住房不确定性质量的标识应是一种能够反映不同消费群体间对开发企业偏好的综合性指标，“开发企业声誉”可以作为住房不确定性质量的显性标识。

③客观数据进一步证明了“开发企业声誉”能够标识住房不确定性质量的水平，开发企业的若干属性与住房价格存在显著关联性。同时，高收入和拥有财富较多的消费者对开发企业声誉具有较高的支付意愿。

享有较高声誉的开发企业具有历史开发量多、企业资质等级高、在全国范围内从事业务的特征，这些特征对住房价格存在显著的正向影响关系：企业历史开发量每增加 1 万平方米，住房价格提高 0.08%；企业资质每升高一个等级，住房价格提高 0.7%；在全国范围从事开发业务的企业能够获得 24.7%的溢价。收入高和拥有财富多的消费者更偏好购买由具有较高声誉开发企业所供给的住房，其本质是为了实现居住群分。对于大户型项目，项目内住房单元的均质性越高(项目面积四分位比越低)，消费者愿意支付的价格也越高。

④利用消费者对开发企业声誉支付的溢价，以及这种溢价在各种市场条件下的差异，实现了对住房不确定性质量的度量。

主观调研和客观交易数据实证分析结果均证明，消费者存在为降低住房不确定性质量而支付风险溢价的行为，并通过选择具有较高声誉的开发企业所供给的住房来降低住房的不确定性质量。在预售制度安排下消费者对企业声誉溢价的支付意愿平均为住房价格的7%，这一比例受消费者收入情况、交易条件、区位特征以及市场信息透明程度等因素的影响。其中，高收入消费者的溢价水平弹性为0.116%；预售住房的溢价水平比现售住房高出1.49%；市场成熟度和区位成熟度越高，溢价水平越低。2004年的宏观调控措施政策对降低声誉溢价水平存在显著效果。

7.2 研究成果的应用建议

理论研究的主要目的是为了更好地服务于社会实践，本书的研究具有较强的实际意义，最重要的就是为政府进一步"规范住房市场交易秩序"提供理论支持和政策依据。

实证研究结果也表明，2004年以来的若干宏观调控政策，确实改善了市场信息不完备程度，降低了住房不确定性质量的比重，减轻了消费者为规避风险而支付开发企业声誉溢价的负担。因此认真贯彻执行"规范住房市场交易秩序"的调控方针，具有切实意义。具体而言，本书提出如下应用建议。

1. 相关政府部门应以维护消费者权益为目标，加大对发布虚假销售信息的开发企业的惩治力度，进一步加强对市场交易秩序的规范

短期而言，以开发企业从业资格为调节手段，加强对违规操作的开发企业的惩罚力度。严格规范住房项目开发许可的各项审批程序，降低开发企业"寻租"空间。对出现违规操作的开发企业，通过缴纳罚金、限制销售进度等方法，加大违规操作的机会成本。

长期而言，通过建立资金监管机制，提高开发企业实施"道德风险"的机会成本。开发企业"道德风险"的根源在于，预售合同签订之后，开发企业便可以获得收益，提高融资能力，并将开发风险较早地转嫁给消费者。如果能够建立一种资金的监管机制，从源头提高开发企业的机会成本，将能有效地降低消费者的风险。我们可以借鉴美国和我国香港地区的经验：在签订预售合同后，消费者支付的住房销售资金并不直接进入开发企业，而是由第三方进行监管，到住房施工建设完成，验收合格后，开发企业方可获得销售收益。

2. 进一步完善开发企业信用档案，建立、健全信息披露机制，引导消费者对开发企业进行客观、理性的判断

从开发企业违约记录、历史开发情况等方面完善开发企业信用档案。第4章实证研究的结论表明，消费者对开发企业的偏好表现为倾向于选择“从业经验丰富”、“在消费者群体中具有良好声誉”以及“能够履行合约”的开发企业。现有的开发企业信誉档案，正是基于这一思路而建立的，并对交易双方的信息结构起到了有效的改善作用。对开发企业违约情况的记录，应从以下几个方面着手进行完善：是否存在交房时间推迟情况以及延迟时段，是否存在预售过程承诺的绿化率、容积率等项目整体公共设施的变更，以及是否存在重大质量问题等。

通过编制开发企业声誉指数，建立对消费者住房质量识别更为有效和直接的信息披露机制。住房和住房市场的固有特征，使得消费者需要通过大量的信息收集，以及对有效信息进行的综合考虑，才能对开发企业做出较为全面和客观的评价。因此，关于开发企业情况的原始信息披露对消费者住房选择的指导意义有限。为提高信息利用的效率，在获得开发企业较为全面的信息后，结合第5章开发企业各种特征的影响系数，编制开发企业声誉指数，将有效地提高消费者住房选择时的决策效率。

3. 正确引导住房需求，提倡理性的住房消费观

第6章实证研究的结论表明，在当前城市空间快速发展的住房市场中，消费者对居住区位未来发展潜力的判断具有较大的不确定性，只能通过选择具有较高声誉的开发企业的住房来降低风险，这增加了其所支付的开发企业声誉溢价。政府应及时公布城市整体发展规划，积极建设城市公共设施和提供公共服务，依据城市空间布局的整体规划合理供给土地，这样能够提高消费者购房决策的理性程度，从而降低其为了规避风险而支付开发企业声誉溢价的负担。

4. 在开发企业间倡导通过提供高质量住房来建立声誉的经营模式，促进产业结构良性发展

对住房不确定性质量标识的研究，揭示了开发企业声誉因具有反映住房不确定性质量比重的特征，而能够降低消费者风险，从而使消费者存在支付意愿的经济规律。大力在开发企业间倡导这一经济规律的运行机制，有助于使开发企业主动建立通过提高住房质量而获得长期稳定收益的经营战略，进而建立住房开发企业间进行公正质量竞争的市场交易环境，从而促进以住房建设为主体的房地产业良性发展。

7.3 主要创新点

本书主要取得了以下创新成果。

第一，在中国新建商品住房市场和预售制度下，首次提出住房不确定性质量的概念，并验证了它的存在。从住房和住房市场的固有特性出发，提出了住房不确定性质量的存在。将住房质量定义为住房在其使用周期内能够产生住房服务的各种属性的集合；住房不确定性质量则指在某一时点，住房质量中消费者无法识别的某些属性的集合。通过大量的住房交易微观数据，首次在我国住房市场中验证了住房不确定性质量的存在，及其受交易条件、区位特征以及市场信息透明程度等因素的影响程度。

第二，从多个角度实证验证了"住房不确定性质量"和"开发企业声誉"之间的稳定联系。通过主观和客观分析，验证了消费者倾向于选择具有较高声誉的开发企业所供给的住房，来降低住房不确定性质量可能带来的风险。"开发企业声誉"能够标识住房不确定性质量的水平，可以作为住房不确定性质量的显性标识。

第三，提出了包含住房不确定性质量的特征价格拓展模型，通过对住房价格的分解，实现对住房不确定性质量的识别和度量。通过引入表征住房不确定性质量的标识——开发企业声誉，建立特征价格拓展模型，通过分解住房价格，并根据开发企业声誉溢价水平的变化，实现了对住房不确定性质量的识别和度量。

第四，将结构方程模型引入住房质量识别的研究。将结构方程模型引入消费者购房行为分析中，首次模拟了消费者购房选择的决策过程，丰富了住房消费行为分析的研究方法。

以上研究成果不仅扩展了国际当前的同类研究，而且丰富了我国住房经济学领域的研究内容。特别是实证研究成果，对于提高消费者对住房不确定性质量的识别能力，以及政府制定合理的制度安排来减小不确定性质量为消费者带来的风险，均具有十分重要的现实意义。

7.4 不足及后续研究建议

7.4.1 研究的局限性

第一，市场处于非均衡状态的现实可能导致实证结果存在向上偏误。实证研究建立在对市场处于完全均衡的假设前提下。这一假设认为市场中存在大量的供给者和需求者，交易双方的单独行为对市场价格不产生影响。这与我国当前以卖方市场为主、开发企业较为强势的住房市场表现形式存在一定的差异。因此，实证研究的结果可能存在系统性的向上偏误(特别是对声誉溢价的估计可能偏高)，但其内部的相对关系仍具有一定的稳定性。

第二，实证研究的数据存在一定局限性。实证研究部分由于数据样本的局限性，一方面，对住房特征以及开发企业特征的描述不够完善，Hedonic 模型的精度有待进一步提高；另一方面，实证研究的数据仅来自成都住房市场，实证研究得到的结论无法实现城市间的比较分析，对全国整体市场以及其他城市市场中的住房价格形成规律的解释存在局限性，但仍具有参考价值。

第三，主观信息的定量描述有待进一步验证。对消费者因开发企业而异的偏好研究主要来自调研问卷的主观信息采集，并属于本人在住房市场研究中的首次尝试。受研究条件所限，调研问卷选用了直接要求受调查者对预先设定的题项进行选择的信息采集方式。由于缺乏相关研究的经验借鉴，问卷题项设计的客观性和科学性仅通过业内部分专家和小范围的预调研检测，其客观性和科学性需要通过多次调研进行进一步验证。

7.4.2 后续研究建议

第一，扩大实证研究的范围，验证研究结论对其他城市住房市场应用的普遍性。以成都以外的其他城市为研究对象，检验住房不确定性质量的支付意愿是否存在，并测算其数值大小，进一步分析不同城市间存在支付意愿差异的原因。

第二，进一步探讨消费者形成开发企业偏好的深层次原因。通过扩大开发企业的考察范围以及追踪企业发生违约交易的案例，全面考察影响开发企业偏好的形成因素，包括自有住房的衍生价值研究、住房选择行为特征研究等。

第三，进一步放松交易条件限制，发展住房存量市场中住房不确定性质量的识别和度量研究。将住房不确定性质量的交易条件限制进一步放松，通过考察消费者对存量市场住房不确定性质量的支付意愿，检验在存量市场中，消费者是否通过对较高声誉的开发企业所供给的住房支付溢价来降低住房不确定性，及其与增量市场间的差异性。

附录 A

成都市经济基本面情况

成都市是四川省省会，是我国西部重要中心城市之一，辖 9 区 10 县(市)①，全市土地总面积 1.239 万平方公里。2004 年市区面积为 2 177 平方公里，其中城市建设用地面积 312.6 平方公里，占全市土地面积的 2.523%。截至 2005 年末，成都市人口 1 082.03 万人左右，全市从业人员 619.04 万人，三次产业劳动结构为 1∶0.95∶1.14。如图 A-1 所示，2005 年全市实现国内生产总值 2 371.01 亿元，年末居民人均可支配收入 11 359 元。

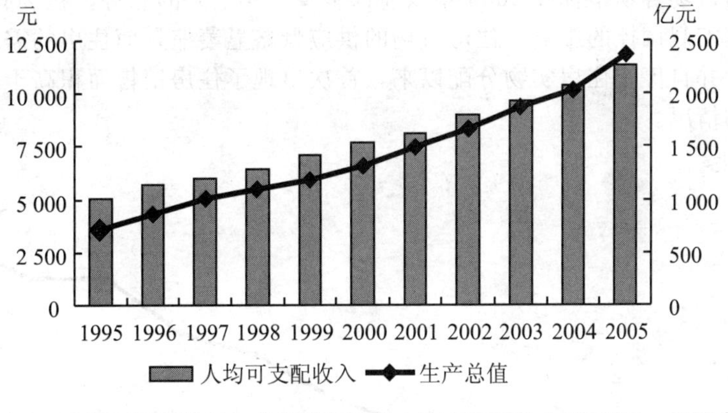

图 A-1　成都市历年地区生产总值与居民人均可支配收入图(1995—2005 年)

成都住房市场的发展始于 20 世纪 90 年代初。在此之前，成都的住房建设

① 即：锦江区、青羊区、金牛区、武侯区、成华区、龙泉驿区、青白江区、新都区、温江区、都江堰市、彭州市、邛崃市、崇州市、金堂县、双流县、郫县、大邑县、蒲江县、新津县。

多以住房实物分配制度下的单位集资建房形式为主，并不存在真正的商品房交易。到了90年代初期，第一代商品房随着市政建设的拆迁和改造而陆续出现。随着全国范围内的住房制度改革不断深化，成都房地产市场也开始逐步活跃，规模逐年扩大，并趋向成熟。如图A-2所示，成都市房地产投资伴随着固定资产投资的增长而大幅上升，其占固定资产投资的比例亦逐年上升，并在2005年超过了30%。

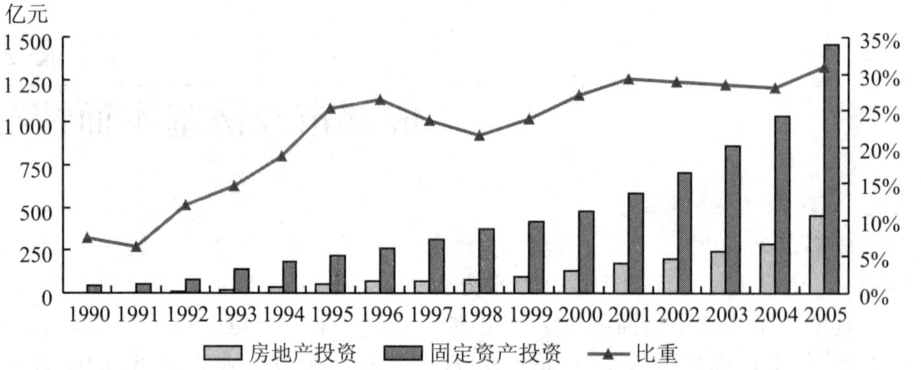

图 A-2　成都市历年房地产投资与固定资产投资情况(1990—2005年)

在房地产投资逐渐上升的同时，住房市场也随之活跃起来。如图A-3所示，住房市场各项指标在2003年以前都呈现逐年上升的态势。在2004年，由于受政府宏观调控的影响，住房市场的供应量略显萎缩，而住房的需求量仍持续上升。并自停止住房实物分配以来，首次出现了住房销售面积高于住房新开工面积的情况。

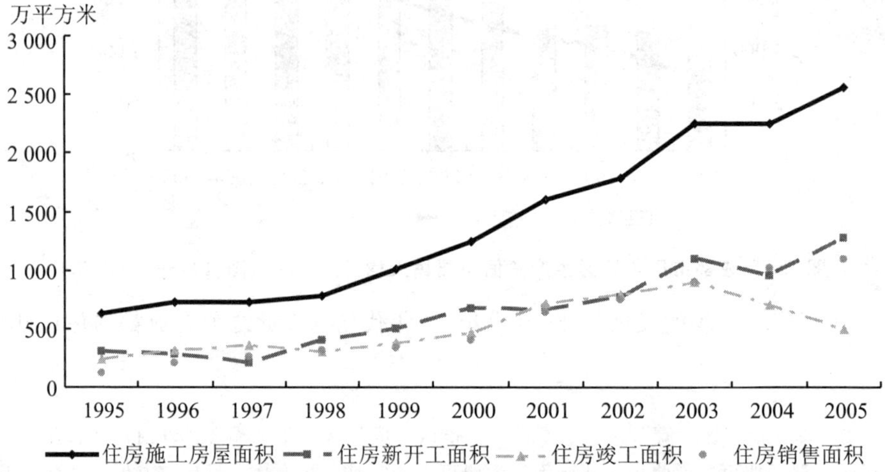

图 A-3　成都市历年住房开发投资情况(1995—2005年)

附录 B

住房交易样本描述性统计分析

表 B-1　预售交易样本描述性统计分析

类别	变量名称	变量含义	单位	平均值	标准差	样本量
价格	*U_PRICE*	交易单元单价	元/平方米	3 576.189	844.396	100 673
物理属性	*U_AREA*	交易单元面积	百平方米	0.969	0.417	100 673
	U_FLOOR	交易单元所在楼层	层	7.607	5.399	100 665
	P_FLOOR	总楼层	层	13.678	7.060	100 388
邻里属性	*TP_AREA*	项目总批准预售面积	万平方米	9.605	7.400	100 673

续表

类别	变量名称	变量含义	单位	平均值	标准差	样本量
区位属性	*BLOCK_N*	市中心片区		0.131	0.337	13 194
	BLOCK_ND	内至一环东片区		0.011	0.103	1 090
	BLOCK_NN	内至一环南片区		0.026	0.159	2 607
	BLOCK_NX	内至一环西片区		0.025	0.157	2 549
	BLOCK_NB	内至一环北片区		0.005	0.067	457
	BLOCK_YD	一至二环东片区		0.077	0.266	7 721
	BLOCK_YN	一至二环南片区		0.065	0.246	6 530
	BLOCK_YX	一至二环西片区		0.016	0.126	1 622
	BLOCK_YB	一至二环北片区		0.018	0.135	1 861
	BLOCK_ED	二至三环东片区		0.140	0.347	14 139
	BLOCK_EN	二至三环南片区		0.098	0.298	9 915
	BLOCK_EX	二至三环西片区		0.250	0.433	25 141
	BLOCK_EB	二至三环北片区		0.037	0.189	3 750
	BLOCK_SD	三环外东片区		0.022	0.146	2 185
	BLOCK_SN	三环外南片区		0.052	0.221	5 189
	BLOCK_SX	三环外西片区		0.025	0.156	2 528
	BLOCK_SB	三环外北片区		0.002	0.044	195
	NORTH	城北		0.062	0.242	6 263
	SOUTH	城南		0.241	0.428	24 241
	EAST	城东		0.250	0.433	25 135
	WEST	城西		0.316	0.465	31 840

续表

类别	变量名称	变量含义	单位	平均值	标准差	样本量
时间哑元	*Y*0401	2004.1		0.026	0.159	2 624
	*Y*0402	2004.2		0.040	0.197	4 057
	*Y*0403	2004.3		0.047	0.213	4 776
	*Y*0404	2004.4		0.054	0.226	5 459
	*Y*0405	2004.5		0.040	0.195	4 005
	*Y*0406	2004.6		0.032	0.175	3 173
	*Y*0407	2004.7		0.031	0.174	3 150
	*Y*0408	2004.8		0.029	0.168	2 926
	*Y*0409	2004.9		0.031	0.174	3 153
	*Y*0410	2004.10		0.035	0.183	3 511
	*Y*0411	2004.11		0.043	0.204	4 373
	*Y*0412	2004.12		0.045	0.207	4 511
	*Y*0501	2005.1		0.039	0.194	3 931
	*Y*0502	2005.2		0.019	0.135	1 878
	*Y*0503	2005.3		0.042	0.200	4 212
	*Y*0504	2005.4		0.035	0.184	3 535
	*Y*0505	2005.5		0.038	0.191	3 825
区位属性	*Y*0506	2005.6		0.033	0.179	3 320
	*Y*0507	2005.7		0.035	0.184	3 531
	*Y*0508	2005.8		0.048	0.213	4 784
	*Y*0509	2005.9		0.047	0.212	4 752
	*Y*0510	2005.10		0.052	0.221	5 207
	*Y*0511	2005.11		0.062	0.241	6 259
	*Y*0512	2005.12		0.097	0.295	9 721
企业属性	*DEV_NATIONAL*	国有企业		0.084	0.278	113 184
	DEV_ZIZHI	企业资质		2.573	0.850	93 571
	DEV_HIS	企业历史开发量		12.114	12.526	101 917

续表

类别	变量名称	变量含义	单位	平均值	标准差	样本量
社会互动因素	*MUA*	项目套型面积均值	百平方米	1.060	0.563	100 673
	QD_{area}	项目内单元面积四分位比		1.122	0.535	100 673
企业声誉属性	*BRAND*	知名开发企业		0.137	0.344	13 812
	VOTE	声誉知名度	%	75.881	205.524	100 673
	BLEVEL	声誉等级		2.763	0.618	100 673
	BLEVEL_H	一类开发企业		0.100	0.300	10 086
	BLEVEL_M	二类开发企业		0.037	0.189	3 726
	BLEVEL_L	三类开发企业		0.863	0.344	86 861
区位成熟	*ROUND_1*	内至一环		0.067	0.249	6 703
	ROUND_2	一至二环		0.176	0.381	17 734
	ROUND_3	二至三环		0.526	0.499	52 945
	ROUND_4	三环外		0.100	0.300	10 097
市场整体环境	*Y*04*Q*1	2004 年第 1 季度		0.116	0.320	11 676
	*Y*04*Q*2	2004 年第 2 季度		0.118	0.323	11 903
	*Y*04*Q*3	2004 年第 3 季度		0.094	0.293	9 512
	*Y*04*Q*4	2004 年第 4 季度		0.125	0.331	12 627
	*Y*05*Q*1	2005 年第 1 季度		0.100	0.299	10 021
	*Y*05*Q*2	2005 年第 2 季度		0.106	0.308	10 680
	*Y*05*Q*3	2005 年第 3 季度		0.130	0.336	13 067
	*Y*05*Q*4	2005 年第 4 季度		0.210	0.408	21 187
	*Y*04*H*1	2004 年上半年		0.234	0.424	23 579
	*Y*04*H*2	2004 年下半年		0.220	0.414	22 139
	*Y*05*H*1	2005 年上半年		0.206	0.404	20 701
	*Y*05*H*2	2005 年下半年		0.340	0.474	34 254
	YEAR	2005 年		0.546	0.498	54 955

表 B-2 整体交易样本变量描述性统计分析

类别	变量名称	变量含义	单位	平均值	标准差	样本数
价格	*U_PRICE*	交易单元单价	元/平方米	3 544.474	879.977	113 184
物理属性	*U_AREA*	交易单元面积	百平方米	0.978	0.427	113 184
	U_FLOOR	交易单元所在楼层	层	7.483	5.371	113 146
	P_FLOOR	总楼层	层	13.390	7.041	112 792
邻里属性	*TP_AREA*	小区总批准预售面积	万平方米	9.370	7.349	113 184
交易条件	*U_ONSALE*	现房销售		0.111	0.314	12 511
区位属性	*BLOCK_N*	市中心片区		0.128	0.334	14 488
	BLOCK_ND	内至一环东片区		0.012	0.108	1 324
	BLOCK_NN	内至一环南片区		0.026	0.160	2 960
	BLOCK_NX	内至一环西片区		0.027	0.162	3 064
	BLOCK_NB	内至一环北片区		0.005	0.067	511
	BLOCK_YD	一至二环东片区		0.073	0.261	8 297
	BLOCK_YN	一至二环南片区		0.066	0.248	7 445
	BLOCK_YX	一至二环西片区		0.023	0.149	2 572
	BLOCK_YB	一至二环北片区		0.019	0.138	2 190
	BLOCK_ED	二至三环东片区		0.136	0.342	15 362
	BLOCK_EN	二至三环南片区		0.106	0.307	11 959
	BLOCK_EX	二至三环西片区		0.247	0.431	27 948
	BLOCK_EB	二至三环北片区		0.041	0.198	4 603
	BLOCK_SD	三环外东片区		0.020	0.140	2 277
	BLOCK_SN	三环外南片区		0.046	0.210	5 229
	BLOCK_SX	三环外西片区		0.024	0.154	2 760
	BLOCK_SB	三环外北片区		0.002	0.041	195

续表

类别	变量名称	变量含义	单位	平均值	标准差	样本数
时间属性	*Y*0401	2004.1		0.027	0.161	3 013
	*Y*0402	2004.2		0.042	0.200	4 712
	*Y*0403	2004.3		0.048	0.214	5 450
	*Y*0404	2004.4		0.053	0.223	5 949
	*Y*0405	2004.5		0.038	0.192	4 336
	*Y*0406	2004.6		0.032	0.175	3 593
	*Y*0407	2004.7		0.034	0.181	3 850
	*Y*0408	2004.8		0.030	0.170	3 372
	*Y*0409	2004.9		0.034	0.181	3 846
	*Y*0410	2004.10		0.035	0.184	3 993
	*Y*0411	2004.11		0.043	0.203	4 883
	*Y*0412	2004.12		0.045	0.207	5 074
	*Y*0501	2005.1		0.041	0.197	4 596
	*Y*0502	2005.2		0.021	0.144	2 398
	*Y*0503	2005.3		0.045	0.207	5 073
	*Y*0504	2005.4		0.036	0.187	4 129
	*Y*0505	2005.5		0.038	0.192	4 325
	*Y*0506	2005.6		0.032	0.176	3 628
	*Y*0507	2005.7		0.034	0.181	3 827
	*Y*0508	2005.8		0.046	0.209	5 180
	*Y*0509	2005.9		0.048	0.214	5 468
	*Y*0510	2005.10		0.053	0.223	5 956
	*Y*0511	2005.11		0.058	0.233	6 536
	*Y*0512	2005.12		0.088	0.284	9 997
社会互动因素属性	*MUA*	项目套型面积均值	百平方米	1.042	0.572	113 184
	QD_{area}	项目内单元面积四分位比		1.096	0.556	113 184

续表

类别	变量名称	变量含义	单位	平均值	标准差	样本数
声誉属性	*BRAND*	知名开发企业		0.132	0.339	14 949
区位条件	*ROUND_1*	内至一环		0.069	0.254	7 859
	ROUND_2	一至二环		0.181	0.385	20504
	ROUND_3	二至三环		0.529	0.499	59 872
	ROUND_4	三环外		0.092	0.290	10 461
市场整体环境	*Y04Q1*	2004年第1季度		0.116	0.321	13 175
	Y04Q2	2004年第2季度		0.123	0.328	13 878
	Y04Q3	2004年第3季度		0.098	0.297	11 068
	Y04Q4	2004年第4季度		0.123	0.329	13 950
	Y05Q1	2005年第1季度		0.107	0.309	12 067
	Y05Q2	2005年第2季度		0.107	0.309	12 082
	Y05Q3	2005年第3季度		0.128	0.334	14 475
	Y05Q4	2005年第4季度		0.199	0.399	22 489
	Y04H1	2004年上半年		0.239	0.426	27 053
	Y04H2	2004年下半年		0.221	0.415	25 018
	Y05H1	2005年上半年		0.213	0.410	24 149
	Y05H2	2005年下半年		0.327	0.469	36 964
	YEAR	2005年		0.540	0.498	61 113

附录C

消费者调研样本描述性统计分析

表 C-1　调研样本分布概况(样本量：903)

类别	变量名称	样本数	变量名称	样本数
性别	男	513	女	390
婚姻	单身	570	已婚	330
户口	本市	606	外地	297
年龄	25岁以下	214	26～30岁	204
	31～35岁	132	36～40岁	74
	41～45岁	60	50岁以上	62
从事行业	工业、制造业与建筑业	188	IT与信息服务业	96
	金融保险业与房地产业	154	政府机关	71
	社会服务业	113	科研与教育业	84
	零售与餐饮业	37	其他	155
职位	私营业主	70	中高层	272
	一般职员	481	临时工	25
学历	初中以下	59	中专或高中	168
	高职或大专	258	本科	365
	硕士或博士	45		

续表

类别	变量名称	样本数	变量名称	样本数
单位性质	国有、集体	253	私营企业	337
	外资企业	64	政府与事业单位	128
	个体	65	其他	45
家庭年收入	1万元及以下	33	1万～2万元	94
	2万～5万元	328	5万～10万元	311
	10万～20万元	100	20万元及以上	25

表C-2 调研问卷中李斯特量表项目描述性统计分析

变量名称	变量含义	均值	标准差	样本量
A104	愿意购买企业开发的住房	1.910	0.559	867
A107	属于行业内的龙头企业	1.877	0.887	899
A108	良好的企业形象和品牌形象	1.588	0.708	901
A110	在成都市开发量很大	2.016	0.889	897
A111	其他城市开发量很大	1.988	0.877	887
A112	企业资质等级优良	2.529	0.797	896
A113	很多其他的消费者对其很信任	1.787	0.734	896
A114	未来具有长远的持续发展能力	1.912	0.825	894
A115	该企业令人感觉踏实、放心	1.872	0.798	896
A116	广告信息真实可靠	1.671	0.720	902
A117	房子的户型结构合理	2.262	0.971	902
A118	项目小区环境良好	1.849	0.809	901
A119	周边配套设施完善	1.691	0.729	902
A120	地理位置比较好	1.940	0.872	898
A121	项目整体风格与众不同	2.215	0.984	900
A122	住他们的房子有面子	2.289	0.975	901
A123	不需花太多的时间和精力进行比选	2.667	1.256	902
A124	销售程序规范透明	2.249	1.010	902
A125	售楼服务令人满意	2.146	0.890	901

续表

变量名称	变量含义	均值	标准差	样本量
*A*126	房子未来升值空间大	1.971	0.819	902
*A*127	邻居们与我的社会地位相近	2.172	0.954	902
*A*128	能够履行合约，未来的风险小(能保证建筑质量、规划设计、交房时间、办下房产证等)	2.457	0.981	898

注：取值方法为非常愿意/同意为 1，愿意/有点同意为 2，无所谓/不清楚为 3，不愿意/有点不同意为 4，非常不愿意/非常不同意为 5。

表 C-3 消费者特征变量名称和描述性统计量

变量名称	变量含义	取值方法	均值(标准差)	样本量
GENDER	被调查者性别	哑元变量，男为 1，女为 0	0.565 (0.496)	865
MARRIAGE	被调查者婚姻状况	哑元变量，单身为 1，已婚为 0	0.374 (0.484)	855
HUKOU	被调查者户口	哑元变量，本市户口为 1，其他为 0	0.690 (0.463)	848
AGE	被调查者年龄	25 岁以下为 1，26～30 岁为 2，31～35 岁为 3，35～40 岁为 4，41～45 岁为 5，46～50 岁为 6，51 岁及以上为 7	3.406 (2.172)	867
AGE_M	被调查者年龄均值	$AGE\_M=\begin{cases}23, & if\ AGE=1\\ 28, & if\ AGE=2\\ 33, & if\ AGE=3\\ 38, & if\ AGE=4\\ 43, & if\ AGE=5\\ 48, & if\ AGE=6\\ 60, & if\ AGE=7\end{cases}$	36 (13)	867
EDU	被调查者受教育程度	初中及以下为 1，中专或高中为 2，高职或大专为 3，大学本科为 4，硕士或博士为 5	3.190 (1.014)	859

续表

变量名称	变量含义	取值方法	均值 (标准差)	样本量
INCOME	被调查者家庭年收入	1 万元及以下为 1，1 万～2 万元为 2，2 万～5 万元为 3，5 万～10 万元为 4，10 万～20 万元为 5，20 万元及以上为 6	3.488 (1.037)	855
INCOME_M	被调查者家庭年收入均值	$INCOME\_M=\begin{cases}0.5, & if\ INCOME=1\\ 1.5, & if\ INCOME=2\\ 3.5, & if\ INCOME=3\\ 7.5, & if\ INCOME=4\\ 15, & if\ INCOME=5\\ 25, & if\ INCOME=6\end{cases}$	6.507 (5.05)	855
F_SIZE	被调查者家庭人口	连续变量，单位：人	2.924 (1.042)	838
F_AREA	预购买住房面积	连续变量，单位：平方米	96.629 (27.633)	858
WILLING	对品牌开发企业产品的购买意愿	非常愿意为 5，愿意为 4，无所谓为 3，不愿意为 2，非常不愿意为 1	4.090 (0.559)	867
PREMIUM	对品牌开发企业产品的超额支付意愿	连续变量，单位：占购房总价的百分比	6.698% (8.582%)	867

附录 D

开发企业属性样本描述性统计分析

表 D-1　开发企业特征变量赋值说明及描述性统计分析

变量类别	变量名称	变量含义及赋值说明	均值（标准差）	样本量
开发企业资质	*DEV_ZIZHI*	一级开发企业为 1；二级和暂定二级开发企业为 2；三级和暂定三级开发企业为 3；四级和暂定四级开发企业为 4；无资质等级开发企业为 5	3.11（0.909）	359
	DEV_ZIZHI_H	企业资质等级是否属于较高级别，$DEV\_ZIZHI\_H=\begin{cases}1, & DEV\_ZIZHI\in\{1, 2\}\\0, & otherwise\end{cases}$	0.231（0.422）	83
	DEV_ZIZHI_M	企业资质等级是否属于中等级别，$DEV\_ZIZHI\_M=\begin{cases}1, & DEV\_ZIZHI=3\\0, & otherwise\end{cases}$	0.483（0.500）	174
	DEV_ZIZHI_L	企业资质等级是否属于较低级别 $DEV\_ZIZHI\_L=\begin{cases}1, & DEV\_ZIZHI\in\{4, 5\}\\0, & otherwise\end{cases}$	0.203（0.403）	92

续表

变量类别	变量名称	变量含义及赋值说明	均值（标准差）	样本量
开发企业性质	*DEV_FOR*	企业性质是否属于外资企业，是为 1，否为 0	0.02 (0.141)	6
	DEV_SOE	企业性质是否属于国有企业，是为 1，否为 0	0.058 (0.235)	21
	DEV_OTH	企业性质是否属于其他性质的企业，是为 1，否为 0	0.867 (0.340)	296
从业经验	*DEV_FOUND*	企业成立时间，单位：年	9.581 (4.110)	329
	DEV_HIS	从 2002 年到 2005 年，企业在成都地区的开发量，单位：万平方米	6.673 (8.535)	303
地域范围	*DEV_LOC*	企业的主要开发项目是否仅在成都本市，是为 1，否为 0	0.741 (0.439)	266
	DEV_NAT	企业的主要开发项目是否在全国其他城市，是为 1，否为 0	0.014 (0.117)	5
	DEV_NLOC	企业的主要开发项目是否仅局限于非成都以外的某个城市，是为 1，否为 0	0.027 (0.053)	1
声誉特征属性	*BRAND*	企业是否属于知名开发企业，是为 1，否为 0	0.003 (0.165)	10
	VOTE	企业声誉知名度，连续变量 $VOTE=\begin{cases}\dfrac{\text{问卷票数}}{903}\times 100\%, & BRAND=1\\ 1\%, & otherwise\end{cases}$	11.599 (80.709)	359
	BLEVEL_H	是否属于一类开发企业，是为 1，否为 0 $VOTE\geqslant 40\%$取 1，否则为 0	0.014 (0.053) (0.117)	5
	BLEVEL_M	是否属于二类开发企业，是为 1，否为 0 $40\%>VOTE\geqslant 10\%$取 1，否则为 0	0.014 (0.117)	5
	BLEVEL_L	是否属于三类开发企业，是为 1，否为 0 $VOTE=1\%$取 1，否则为 0	0.972 (0.165)	349
	BLEVEL	开发企业分类等级，连续变量，1 为一类开发企业，2 为二类开发企业，3 为三类开发企业	1.387 (0.782)	359

参考文献

[1] Akerlof George A.. The Market for "Lemons": Quality Uncertainty and the Market Mechanism. 1970, 84: 488-500.

[2] Anglin Paul M., Gencay R.. Semiparametric Estimation of a Hedonic Price Function. Journal of Applied Econometrics, 1996, 11(6): 633.

[3] Arnott R. Economic Theory and Housing//Mills E S, Handbook of Regional and Urban Economics, Volume 2. New York: Elsevier Science Publishers, 1987: 211-223.

[4] Axel BS. Econometric Analysis of Discrete Choice with Application on the Demand for Housing in the U. S. and West-Germany. Springer-Verlag, 1987: 119-165.

[5] Bagozzi R., Baumgarten J.. An Investigation into the Role of Intentions as Mediators of the Attitude-Behavior Relationship. Journal of Economic Psychology, 1989(10): 35-62.

[6] Ball M. J. . Recent Empirical Work on the Determinants of Relative House Prices. Urban Studies, 1973, 10(2): 213-233.

[7] Barro. Reputation in a Model of Monetary Policy with Imperfect Information. Journal of Monetary Economics, 1986(17): 3-20.

[8] Basu Sabyasachi, Thomas G. T. . Analysis of Spatial Autocorrelation in House Prices. Journal of Real Estate Finance and Economics, 1998, 17(1): 61.

[9] Bayer Patrick, McMillan R., Rueben Kim. An Equilibrium Model of

Sorting in an Urban Housing Market[EB/OL]. 2004. http://aida. econ. yale. edu/~pjb37/BayerMcMillanRueben_IER. pdf.

[10] Bayer Patrick, McMillan Robert, Rueben Kim. Residential Segregation in General Equilibrium[EB/OL]. 2005. http://www. nber. org/papers/w11095. pdf.

[11] Benler P. M.. Comparative Fit Indices in Structural Models. Psychological Bulletin, 1990, 107(2): 238-246.

[12] Bentle P. M., Bonett D. G.. Significance Tests and Goodness-of-Fit in the Analysis of Covariance Structures. Psychological Bulletin, 1980, 88(3): 588-606.

[13] Chau K. W., Wong S. K., Yiu C. Y.. Housing Quality in the Forward Contracts Market. Journal of Real Estate Finance and Economics, 2007, 34(3).

[14] Chin T. L., Chau K. W.. A Critical Review of Literature on the Hedonic Price Model. International. Journal for Housing Science and Its Applications, 2003, 27(1): 145-165.

[15] Coase R. H.. The Problem of Social Cost. Journal of Law Economics, 1960, 3: 1-44.

[16] Cour A. T.. Hedonic Price Indexes with Automotive Examples. The Dynamics of Automobile Demand. New York: General Motors Corporation, 1939: 98-119.

[17] Daigler R. T., Wiley M. K.. The Impact of Trader Type on the Future Volatility-Volume Relation. The Journal of Finance, 1999, 54(6): 2 297-2 316.

[18] Diewert E. W.. Hedonic Regressions: A Consumer Theory Approach [EB/OL]. 2001. http://www. econ. ubc. ca/discpapers/dp0112. pdf.

[19] Dipasquale D., Wheaton W. C.. Urban Economics and Real Estate Markets. Englewood Cliffs: Prentice-Hall, 1996.

[20] Epple D., Sieg H.. Estimating Equilibrium Models of Local Jurisdictions. Journal of Political Economy, 1991, 107(4): 645-681.

[21] Franklin, Allen. Reputation and Product Quality, 1984, 15(3): 311-327.

[22] Galster G. C.. Neighborhood Dynamics and Housing Markets//Sullivan, T. O. Gibbs, K. Housing economics and public policy: Essays in honor of Duncan Maclennan. Oxford: Blackwell, 2003: 153-171.

[23] Genesove David. Adverse Selection in the Wholesale Used Car Market. Journal of Political Economics, 1993, 101(4): 644-665.

[24] Goodman A. C.. Modeling and Computing Transactions Costs for Purchasers of Housing Services. AREUEA Journal, 1990, 18(1): 1-21.

[25] Gorsuch R.. Factor Analysis. Hillsdale, NJ: Lawrence Erlbaum, 1983.

[26] Gwin C. R., Ong S. E.. Homeowner Warranties and Building Codes. Journal of Property Investment & Finance, 2000, 18(4): 456-472.

[27] Hair J. F., Tatham R. L., Anderson R. E. et. al.. Multivaritate Data Analysis. 5th Edition. Prentice-Hall, 1998.

[28] Harmon O. R., Potepan M. J.. Housing Adjustment Costs: Their Impact on Mobility and Housing Demand Elasticities. AREUEA Journal, 1988, 16(4): 459-478.

[29] Haurin D. R.. The Impact of Transaction Costs and the Expected Length of Stay on Homeownership. Journal of Urban Economics, 2002, 51: 563-584.

[30] Holmstrom B.. Moral Hazard and Observability. The Bell Journal of Economics, 1979, 10(1): 74-91.

[31] Hu L.., Bentler P.. Cutoff Criteria for Fit Indexes in Covariance Structure Analysis: Conventional Criteria Versus New Alternatives. Structural Equation Modeling, 1999, (6): 1-55.

[32] Intrilligator M. D., Bodkin R. G., Hsiao C.. Economic Models: Techniques and Application. Englewood Cliffs, NJ: Prentice-Hall, 1996.

[33] Jiang L., Kryzanowski L.. Trading Activity, Quoted Liquidity, and Stock Volatility. Multinational Finance Journal, 1997, 1(3): 199-227.

[34] Kain J. F., Quigley, J. M.. Measuring the Value of Housing Quality. Journal of the American Statistical Association, 1970, 65(330): 532-548.

[35] Kaiser H. F.. An Index of Factorial Simplicity. Psychometrika,

1974，(39)：31-36.

［36］Keller K. L.. Building Customer-Based Brand Equity. Marketing Management，2001，(32)：15-19.

［37］Keller K. L.. Brand Synthesis：the Multidimensionality of Brand Knowledge. Journal of Consumer Research，2003，29(4)：595-600.

［38］Klein B.，Leffler K. B.. The Role of Market Forces in Assuring Contractual Performance. The Journal of Political Economy，1981，89(4)：615-641.

［39］Kline R. B.. Principles and Practice of Structural Equation Modeling. New York：The Guilford Press，1998.

［40］KohIhase J. E.. The Impact of Toxic Waste Sites on Housing Values. Journal of Urban Economics，1991，30：1-26.

［41］Kreps D.，Wilson R.. Reputation and Imperfect Information，1982，27(2)：253-279.

［42］Lancaster K. J.. A New Approach to Consumer Theory. Journal of Political Economy，1966，74(2)：132.

［43］Leong C. T.. A Critical Review of Literature on the Hedonic Price Model and Its Application to the Housing Market in Penang//Proceedings of the 7th Asian Real Estate Society Conference. China，Beijing，2000.

［44］Linneman P.. Some Empirical Results on the Nature of the Hedonic Price Function for Urban Housing Market. 1980，8(1)：47-68.

［45］Maclennan D.. Housing Economics：An Applied Approach. New York：Longman Group Limited，1982：38-58.

［46］Malpezzi Stephen. Hedonic Pricing Models：A Selective and Applied Review//Gibb，Anthony O'Sullivan；Kenneth. Housing Economics and Public Policy. Oxford：Blackwell，2003：67-89.

［47］Mason C.，Quigley J.. Nonparametric Hedonic Housing Prices. Housing Studies，1996，11(3)：373-385.

［48］McMillen D. P.. One Hundred Fifty Years of Land Values in Chicago：A Nonparametric Approach. Journal of Urban Economics，1996，40(1)：100-124.

［49］McQuarrie E.. An Alternative to Purchase Intentions：The Role of

Prior Behavior in Consumer Expenditures on Computers. Journal of the Marketing Research Society, 1988, (30): 407-437.

[50] McDonald R. P., Ho M. R.. Principles and Practice in Reporting Structural Equation Analyses. Psychological Methods, 2002(7): 64-82.

[51] MegbolugbeI. F., Marks A. P., Schwartz M. B.. The Economic Theory of Housing Demand: A Critical Review. Journal of Real Estate Research, 1991, 6(3): 381-393.

[52] Milgrom Paul, Roberts John. Price and Advertising Signals of Product Quality, 1986, 94(4): 796-821.

[53] Miller C. M., Mclntyre S. M., Mantrala M. K.. Towards Formalising Fashion Theory. Journal of Marketing Research, 1993, (30): 142-151.

[54] Myers R. H.. Classical and Modern Regression with Applications. 2nd Edition. Boston: Duxbury Press, 1990.

[55] Nelson Phillip. Information and Consumer Behavior, 1970, 78(2): 311-329.

[56] Nunnally J. C., Bernstein I. H.. Psychometric Theory. New York: McGraw-Hill, 1994.

[57] Ong Seow-Eng. Building Defects, Warranties and Project Financing from Pre-Completion Marketing. 1997, 8(1): 35-51.

[58] Pauly Mark V.. The Economics of Moral Hazard: Comment, 1968, 58(3): 531-537.

[59] Peek J., Wilcox J. A.. The Measurement and Determinants of Single-Family House Prices. AREUEA Journal, 1991, 19(3): 353.

[60] Quigley J. M.. What Have we Learned about Urban Housing Markets//Mieszkowski, P. Straszheim, M. Current Issues in Urban Economics. Baltimore, MD: The Johns Hopkins University Press, 1979: 391-429.

[61] Quigley, J.. Estimates of a More General Model of Consumer Choice in the Housing Market//Greisan, R. The Urban Economy of Housing. Lexington: Lexington Books, 1983: 125-140.

[62] Ridker R. G., Henning J. A.. The Determinants of Residential Property Values with Special Reference to Air Pollution. The Review of Eco-

nomics and Statistics, 1967, 49(2): 246-257.

[63] Rosen Sherwin. Hedonic Prices and Implicit Markets: Product Differentiation in Pure Competition. The Journal of Political Economy, 1974, 82 (1): 34-55.

[64] Shapiro Carl. Consumer Information, Product Quality, and Seller Reputation, 1982, 13(1): 20-35.

[65] Shapiro Carl. Premiums for High Quality Products as Returns to Reputations, 1983, 98(4): 659-679.

[66] Sharp B.. Journal of Professional Services Marketing, 1995, 13 (1): 3-13.

[67] Sheppard Stephen. Hedonic Analysis of Housing Markets//Cheshire, P. C. Mills , E. S. Handbook of Regional and Urban Economics. Elsevier, 1999: 1593-1653.

[68] Singh J. , Sirdeshmukh D.. Agency and Trust Mechanisms in Consumer Satisfaction and Loyalty Judgments. Journal of the Academy of Marketing Science, 2000, 28(7): 150-167.

[69] Sirmans G. S. , Macpherson D. A. , Zietz E. N.. The Composition of Hedonic Pricing Models. Journal of Real Estate Literature, 2005, 13(1): 3-43.

[70] Smith L. , Rosen K. , Fallis G.. Recent Development in Economic Models of Housing Markets. Journal of Economic Literature, 1988, 26: 29-64.

[71] Spence M.. Job Market Signaling. The Quarterly Journal of Economics, 1973, 87(3): 355-374.

[72] Stigler George J.. The Economics of Information, 1961, 69(3): 213-225.

[73] Stiglitz J. E.. The Contributions of the Economics of Information to Twentieth Century Economics. Quarterly Journal of Economics, 2000, 115 (4): 1441-1 478.

[74] Tirolr Jean. Incomplete Contracts: Where do We Stand? Econometrica, 1999, 67(4): 741-781.

[75] Triplett J. E.. Handbook on Quality Adjustment of Price Indexes

for Information and Technology Products. Paris: OECD, 2002.

[76] Tu Yong. Segmentation, Adjustment and Disequilibrium//O'Sullivan, A. Housing economics and public policy. Oxford: Blackwell, 2003: 38-55.

[77] VonNeuman John, Morgenstern Oscar. Theory of Games and Economic Behavior. Princeton: Princeton University Press, 1947.

[78] Yang Zan. An Application of the Hedonic Price Model with Uncertain Attribute: the Case of the People's Republic of China. Property Management, 2001, 19(1): 50-63.

[79] [英]戴维·皮尔斯．现代经济学辞典．北京：北京航空航天大学出版社，1992：102-104.

[80] 冯邦彦．香港房地产业百年．香港：三联书店（香港）有限公司，2001.

[81] 高鸿业．西方经济学（微观部分）．北京：中国人民大学出版社，2004.

[82] 侯杰泰，温忠麟，成子娟．结构方程模型及其应用．北京：教育科学出版社，2004.

[83] 黄文平．搜寻理论的经济学社会学实证．经济师，2000(1)：10-11.

[84] 蒋一军，袭江辉．房地产价格指数与 Hedonic 模型．中国资产评估，1996(31)：30-32.

[85] 李国柱．房地产价格指数的编制方法．统计与决策，2003(11)：41-42.

[86] 刘芳．浅析 Hedonic 方法在建立价格指数中的应用．统计与信息论坛，2003，18(2)：61-63.

[87] 刘洪玉，孙峤．房地产价格与房地产经济学研究，2006(2)：12-15.

[88] 柳欣欣．大连住宅价格影响因素分析及实证研究[硕士学位论文]．大连理工大学，2005.

[89] 马思新，李昂．基于 Hedonic 模型的北京住宅价格影响因素分析．土木工程学报，2003，36(9)：59-64.

[90] 邱皓政．结构方程模式：LISREL 的理论、技术与应用．台北：双叶书廊有限公司，2003.

[91] 汪利娜．刍议中国的商品房预售制度．中国房地信息，2005(10)：4-7.

[92] 王力宾．特征价格理论与住房价格指数编制方法．云南学术探索，1995(3)：12-16.

[93] 王旭育．基于 Hedonic 模型的上海住宅特征价格研究[博士论文]. 同济大学，2006.

[94] 温海珍．城市住宅的特征价格：理论分析与实证研究．北京：经济科学出版社，2005.

[95] 乌家培，谢康，王明明．信息经济学．北京：高等教育出版社，2002.

[96] 武康平．高级微观经济学．北京：清华大学出版社，2001.

[97] 谢赞．中国用户满意度指数研究——模型及应用[博士学位论文]. 清华大学，2003.

[98] 元琳，唐根年，虞晓芬．浅析房地产价格指数编制的理论与方法．中国房地产，2000a(3)：44-46.

[99] 元琳，唐根年，虞晓芬．房地产价格指数编制方法研究．中外房地产导报，2000b(6)：23-24.

[100] 张宏斌，贾生华．编制城市房地产价格指数的理论模型和实用方法. 中国软科学，2000(4)：64-67.

[101] 张文彤．Spss11 统计分析教程(高级篇). 北京：北京希望电子出版社，2002.

[102] 郑思齐．住房需求的微观经济分析——理论与实证．北京：中国建筑工业出版社，2006.

[103] 郑思齐，刘洪玉．如何正确衡量房地产价格走势．中国房地产，2003(3)：27-29.

[104] 中国指数研究院．中国房地产指数系统理论与实践(第 2 版). 北京：经济管理出版社，2005.

[105] 朱宝宪．金融市场．沈阳：辽宁教育出版社，2001.

后　记

作者孙峤博士，1995年7月毕业于大连大学土木建筑系，获工学学士学位；2002年10月毕业于英国拉夫堡大学土木工程学院(Civil Engineering Department，University of Loughborough，UK)；2007年7月毕业于清华大学建设管理系房地产研究所，获理学博士学位。现就职于大连大学建筑工程学院工程管理教研室，主要研究方向是城市与住房经济学研究。曾作为负责人和主要参与人参与6项科研课题的研究，其中包括国家自然科学基金1项(70440005)，建设部项目1项(06－K9－72)；曾在《统计研究》、《重庆建筑大学学报》、《大连理工大学学报(社科版)》等期刊以及国际会议上发表学术论文20余篇；参与3部书籍的编写；荣获2011年“中国建研院CABR杯”华夏建设科学技术二等奖1项。

本书是在作者博士论文的基础上改写而成的，其完成和出版得到了许多人的帮助和支持，在此一并表达谢意。

首先，衷心感谢作者的导师刘洪玉教授。自2003年9月考入清华大学房地产研究所师从刘洪玉教授以来，刘老师严谨的治学态度、渊博的学识深深地激励和鼓励着作者，使作者终身受益。

感谢清华大学的培养，感谢清华大学建设管理系郑思齐博士对作者研究工作的指导和帮助，亦师亦友的郑思齐博士在生活和学习过程中给予我莫大的关怀和帮助。感谢吴璟博士、马亚男等同窗好友的关心和支持。

本书的调研工作承蒙成都市房管局资助，感谢成都市房管局产业处和信息中心的同志们在问卷调查与数据收集方面提供的帮助，特此致谢。

本书的出版得到了辽宁省教育厅资助，感谢辽宁省政府对年轻学者的关爱和大力扶持。感谢北京师范大学出版社的韦燕春编辑、高玲编辑，他们的辛苦工作使本书得以面世。

最后，感谢我的父母、我的先生王鹏和儿子王砚泽，是他们的爱让我在求学、生活和工作中始终坚持向前。

孙峤

2011年12月